특별한 나의 이야기

특별한 나의 이야기

박정란 수필집

머리말

내 인생을 항아리에 담긴 꿀에 비유한다면
과연 나의 삶은 어떤 맛의 꿀일까?
씁쌀한 밤 꿀일까?
흐드러지게 핀 아카시아 꿀일까?

한참을 생각해 보니,
나는 밤꿀도,
아카시아꿀도 아니있다.

엿기름을 졸여 만든 갱엿의 끈적이는 조청인 것 같다.
꿀처럼 묽게 흘러감 없이 꾸덕꾸덕한 묵직하고
달콤함이 있는 조청 같은 나의 삶.

'특별한 나의 이야기'에는

내 삶에서 잊지 못할 소중한 인연들과의 이야기와

가슴 속 깊은 곳에 있던 소박한 나의 마음이 담겨있다.

누군가에게는

그저 평범하고 특별할 것 없는 이야기이지만

나한테는 평범하지 않은 그저 특별한 나의 이야기이다.

그저 누구라도 붙잡고 해주고 싶은 이야기,

바로 그런 것을 모아 봤다.

평소에 써 뒀던 것들의 내 삶의

소중한 추억들을 소환해본 모음집이다.

2024. 1. 10

禮潭 박 정 란

차례

머리말/ 4

01. 내 인생에서 가장 특별했던 순간/ 09
02. 어느 날/ 19
03. 첫 수업, 아이들의 무질서/ 24
04. 누군가의 삶/ 33
05. 한 해의 마지막 수업을 마치고/ 38
06. 오랜 시간과의 헤어짐/ 43
07. 내가 살았던 지금은 만날 수 없는 동네/ 48
08. 인천부흥지청 자리 부흥병원/ 54

09. 그래도 그때가 그립다/ 59
10. 눈물로 쓴 편지/ 67
11. 내 삶 속에 깊이 들어와 있는 사람/ 73
12. 특별한 나의 이야기/ 78
13. 잊지 못할 2018년 11월 20일 화요일/ 87
14. 이통(耳痛)과 이통(邇通)/ 97
15. 나의 주치의가 된 사위/ 104
16. 파래김/ 110
17. 보리밟기/ 118

더하고 싶은 말/ 126

01

내 인생에서
가장 특별했던 순간

지금도 생각하면 가슴이 뛰고 슬프기도 하다.

사고로 왼쪽 다리를 심하게 다쳐 장애 진단을 받고 나서 심한 우울증을 앓게 되었다. 난 문밖에 출입도 하기 싫었고 한 자리에서 꼼짝도 하지 않고 앉아 멍하니, 아무 생각 없이 시간을 보내야만 했다. 그 멈춰버린 시간 속에서 새로운 삶의 활력을 찾게 해준 딸이 한없이 고맙다.

딸 덕에 지금의 내가 있게 되었다.
어느 날, 출근하던 딸은 동화구연과 詩 낭송 자격증 그리고 취업까지라는 현수막을 보고 엄마가 배워보면 좋을 것 같다고 생각하여 퇴근길에 그곳을 직접 찾아가 접수하고 집에 돌아와 내 앞에 안내장과 접수증을 내밀었다.

"언젠가 만나게 될 손자들을 위해 동화구연을 배워두면 좋을 것 같고… 그리고 엄마는 봉사를 좋아하는 사람인데 몸이 안 좋으니 움직이는 봉사는 하고 싶어도 못 하잖아. 그러니 말로 할 수 있는 봉사를 하는 것이 좋을 듯싶어 동화구연 한 번 배워보는 것이 어떨까?"

내 딸은 나를 이렇게 설득시켰다.
1차 서류 심사에서 360명이 지원하였고, 2차 면접에는 7.6:1의 경쟁에서 50명이 선발되었다. 많은 경쟁자를 물리치며 합격까지 해놓고 첫 수업을 받고 온 날, 나는 그곳이 낯설어서인지 왠지 싫었다.

처음 보는 사람들, 처음 접하는 내용들….

대체 뭐가 뭔지 몰라 무조건 싫었고 이런 나를 딸은 조근조근 작은 소리로 말하며 위로했다.

"오늘 하루 갔다 왔으니 내일 한 번만 더 가보고, 그때 결정해도 늦지 않아요."라며 달래주었다.

"그럼, 한 번 더 가고 그만한다. 또 가라 하면 집을 나가든지 뛰어내릴 거야." 했다. 평상시 보다 이른 아침에 일어난 딸은 출근 준비하기도 바쁜데 나의 외모에 신경 써주며 옷, 신발, 가방, 필기구까지 준비해 놓고 웃으며 '파이팅!'을 외치며 출근했다. 그래도 마음이 놓이지 않는지 핸드폰으로 실시간 나의 행보를 주시하고 있었다. 생각해보면 나는 참으로 철부지 엄마였다. 듬직한 효녀는 나에게 집중하였고 우울증으로 힘든 엄마의 마음을 헤아려 줄 줄 아는 나이 어린 거인이었다.

둘째 날 수업 역시 나에겐 지루하기만 한 시간의 연속이었고, 내가 여기서 뭐 하는 건가, 왜 이 자리에 힘들게 앉아 있나, 빨리 끝나 집으로 가고 싶었다. 저녁에 퇴근한 딸은 졸졸 따라다니며 오늘은 어땠느냐고, 재미있었느냐고 물었다. 난 큰 소리로 "다시는 안 가!"하고 내 방으로 들어와 버렸다. 딸은 더 이상 귀찮게 하지 않았고 그날 밤은 조용히 지나갔다. 다음 날 새벽에 일어난 딸은 전날 아침과 같이 분주히 움직였다.

"힘들어도 오늘 하루만 더 갔다 와요. 뭐든지 삼세번, 오늘도 갔다 와서 엄마가 싫으면 가지 않아도 돼. 나도 더 이상 강요는 안 할게!"

'그래, 삼세번! 딸의 성의를 봐서 오늘까지 딱 한 번만 더 가자.' 다짐하고 집을 나섰다. 그날은 웬일인지 동화구연 선생님이 동화 속 주인공들의 성대모사를 구수한 목소리로 어찌나 재미있게 들려주는지 그 매력에 푹 빠져들었고, 詩를 낭송하는 선생님도 너무 멋있었다. 퇴근해서 돌아온 딸은 나의 표정을 살피며 오늘은 어땠는지 조심스레 물었다. 난 나도 모르게 흥분한 목소리로 "너무 재밌고 즐거웠어. 고맙다. 딸, 고마워!"라며 연거푸 외쳤다.

그렇게 나는 월요일부터 금요일까지 7개월을 한 번도 빠지지 않고 열심히 다녀 '동화구연과 詩낭송' 수료증과 개근상도 받았다. 그 과정을 마치고 나니 더 배우고 싶은 욕심이 생겼고, 도서관 두 곳에서 동화와 詩 낭송 강좌가 있다는 정보를 듣고 그때부터 두 군데 도서관을 오고 가며 열심히 공부하여 동화구연과 '詩낭송대회'에도 나가게 되었다.

내가 너무 늦은 나이에 시작해서일까, 대회 준비하는 중에 속상한 일도 많이 있었다. 지도 선생님은 주로 30대 수강생들 위주로 수업을 진행하였고 나에게는 서울에서 열리는 큰 대회는 참가하지 말고 인천에서 열리는 작은 대회에만 참가하라는 말에 자존심도 무너지고 마음이 몹시 상했다. 30대 수강생들은 서울대회에서 모두 떨어졌고, 내가 참가하려던 인천대회는 아쉽게도 메르스로 취소가 되었다. 나는 다시 일 년을 기다려야 했고, 그들과 함께 연습하게 되었다. 1년이란 시간이 흘러 다시 대회 접수 일이 다가왔다. 같이 지도받던 수강생 13명은 서울 예선대회에서 3명만이 통과하였고, 그 3명 속에 나도 있었다. 본격적으로 본선 대회 준비하느라 매일 밤 가족들의 저녁을 해결하고, 나는 초등학교 운동장으로 향했다.

운동장 귀퉁이 등나무가 어우러진 작은 연못과 긴 의자는 나의 무대가 되었다. 수업 시간에 조금씩 지도받은 것을 기억하며 저녁 7시부터 시작된 연습은 11시까지 이어졌고, 어떤 날은 목에서 피가 나올 정도로 새벽 1시까지 연습하였다. 길을 걸어 다닐 때도 웃다가 갑자기 찡그리다가를 하며 남을 의식하지 않고 연습하였다. 둘레길을 돌다가 힘들어 쉬고 있는 어르신에게 다가가서 말을 걸었다. 처음엔 詩 듣는 것을 좋아하느냐고, 그런데 의외의 반응이 왔다. 무척 좋아한다고 멍석이 펴지자 대회에 나가려고 준비한 '소나무 아래서'라는 詩를 소나무 그늘에 서서 읊었다. 마침 운동하던 사람들이 십여 명이 모여들었고 지그시 눈을 감고 경청하는 분도 있었다. 끝나고 나선 동화도 한번 들어 봐 달라고 했더니 좋다고 했다. 다 듣고 난 후 한 분이

"혹시 성우 박정자 아니냐?" 하며 사인해 달라는 말에

"아닙니다."

"성우 같은데…그래요, 열심히 잘해서 높은 상 타 봐요. 너무 잘했어요. 다음에 또 만나서 들려주길 기다릴게요."

산이 떠나가도록 박수를 받았다. 부끄럽기도 하고 수줍기도 하여 감사하다는 말을 뒤로 그 자리를 재빨리 빠져나왔다.

한번은 이런 일도 있었다. 문학 경기장 입구의 쥐똥나무 가로수가 나의 관객이 되어주었고 재미있게 이야기를 들려주고 있는데 운동을 마치고 지나가던 중년의 부부가 손가락을 머리에 빙빙 돌리며 빠르게 지나갔다. 늦은 저녁인지라 아마 나를 정신 줄을 놓은 사람쯤으로 본 것 같았다.

어떤 택시 기사는 차를 돌리려다 말고 아예 나에게 불빛을 비추며 끝날 때까지 보고 있었다. 그러거나 말거나 본선 대회 날이 코앞으로 다가왔는데 창피할 만한 것도 없고, 이렇

게 웃기는 행동에 관심 가져준 그분들이 그저 고맙게만 느껴졌다.

기다리던 색동이머니회에서 주최한 '전국동화구연대회' 본선이 열리는 날이었다. 하필이면 그날 건물 내부 공사가 진행 중이어서 상당히 어수선하였다. 벽 뚫는 드릴 소리와 망치 소리, 쇠톱 돌아가는 굉음은 여기저기서 들려왔고 대회 장소가 1층 로비의 열린 공간이었고, 출근하는 사람들도 오고 가는 등 상당히 집중하기 어려운 조건의 대회, 조용한 분위기에서도 무대 위에 서면 백지처럼 아무것도 기억 안 나는데 산만한 분위기 속에서 우리에게 주어진 시간은 단 5분, 5분을 위해서 일 년을 기다렸고 나는 그 소리를 배경 음악 삼아 기량을 겨뤄야 했다. 긴장된 나머지 제대로 실력 발휘도 하지 못하고 내려오는 사람, 줄거리의 앞과 뒤를 혼동한 사람 등이 본선에서 대거 떨어지기까지 했다.

드디어 나의 차례가 왔다.
떨리는 발걸음 차분히 집중하며 언제나처럼 긴장된 마음을 무대 밑에 두고 당당하게 올라가 마이크 앞에 섰다. 난 직접 각색한 동화를 연습한 대로 열심히 구연했고 다행히 실수 없이 끝까지 잘 마쳤다. 오전 9시부터 오후 4시까지의 긴 시간 끝에 드디어 결과 발표 시간이 되었다. 우리 세 명

중 1명은 떨어지고, 1명은 아차상을 받았고, 대회에서 처음 만난 옆자리 선생님이 자기도 아차상이라며 좋아했다. 난 내심 아차상이라도 탔으면 했는데 호명하는 그 7명 중에 나의 가슴에 붙어있는 번호는 불러주지 않았다. 상 타는 사람들이 마냥 부러울 따름이었다.

 시상식은 계속 진행되었고, 기다림에 지쳐 포기하고 있을 즈음 "장원상… 29번!" 전혀 낯설지 않은 번호라 나도 모르게 가슴에 매달려 흔들리는 번호표를 보게 되었다. 바로 나였다. 생각지도 못한 호명에 나는 깜짝 놀라 허둥댔고, 맨 뒤쪽에 앉아 있던 나는 높은 계단을 내려오며 급한 마음에 이리저리 의자에 부딪혀 멍이 드는 수난을 겪어야 했었다. 내가 장원을 하게 된 것이다. 생각하지도 못했던 상을 내가 받은 것이다. 내가 연습하던 운동장과 나와 마주쳤던 사람들이 짧은 순간이지만 한 단 한 단 계단을 내려설 때마다 영사기에 감긴 필름처럼 지나갔다. 정말 뛸 듯이 기뻤다. 그러나 함께 참여한 수강생 한 명이 시상대에 서지 못하는 바람에 소리 죽여 기뻐해야만 했다.

 지루했지만 기쁜 시상식이 끝나고 지도해 주신 선생님께 바로 감사의 전화를 드렸다. 선생님은 수상 소식에 깜짝 놀라며 "선생님이 어떻게 장원 상을 받았어요?"라며 심사 기준을 들먹이며 묻는데 서운했다. 당연히 본선 대회에서 수상 못 할 거라고 생각했었는지 감사의 전화를 받고 보니 많이 놀란 눈치였다. 선생님에겐 제일 나이 많은 수강생이기에 기대도 안 했고, 나에게 지도도 열정적이지 않았다. 이해한다고 하지만 서운함이 있었던 건 사실이다. 선생님의 그런 태도에 나는 더욱 열심히 연습했고 도전했다. 지금 생각하면 비록 소홀히 대해 주었지만 나의 무한한 굳은 마음으로 단단해질 수 있게 도움을 준 고마운 분이기도 하다. 그 덕분에 나는 동화구연가 1급 자격증까지 도전했고 취득했다. 이렇게 자격증을 따니 점점 더 배우고 싶은 것이 많아졌다. 나의 쉼 없이 노력한 흔적이 담긴 노란 파일에 가지런히 모여 지금도 책꽂이에서 웃고 있다. 여러 자격증과 수료증 그리고 상장 트로피 메달, 상패 등.

이렇게 나는 동화구연가와 詩낭송가가 되어 우리 손자들뿐만 아니라 유치원이나 어린이집의 아이들에게 동화도 들려주고 소외계층, 요양원에서 詩낭송과 동화 그리고 만들기 수업을 즐거운 마음으로 재능 기부하며 봉사한다. 우울증으로 힘든 시간을 보내고 있던 나를 세상으로 나오게 해 준 딸은 '내 인생에서 가장 특별한 사람'이 되었고, 나의 방 한쪽 벽을 장식하고 있는 시상식 사진을 볼 때마다 슬픔과 나이로 인하여, 무시당했던 그때를 생각하면…, 슬프기도 하지만 기쁨이 내 마음속을 달려들고 있다.

2010년 10월 20일, '제35회 전국어머니동화구연대회'
"장원 27번 박정란!"
내 인생에서 가장 특별했던 순간이었다.-Ω-

02

어느 날

  부산한 아침 한껏 멋 부린 나는 필기구 몇 자루 담은 가방과 더위를 데리고 혜화동 하반기 교육장으로 데이트를 떠났다. 아침인데도 더위로 가득 찬 전철 안 풍경은 그다지 좋지 않았다.
  늘 있는 일이지만 오늘따라 더욱 그랬다. 긴 의자 한가운데 앉아 변장 중인 아가씨는 거울과 친구 된 지 오래되었나 보다. 열심히 토닥토닥, 속눈썹을 하늘 높이 집게로 끌어올려 눈동자가 튀어나오는 줄 알았다. 마스카라와 아이라이너로 마무리하고, 은은한 향수 칙칙, 정말 호박에 줄 긋자 수박이 되었다. 차 안은 술 냄새와 향수의 만남으로 자극하는 순간, 콧속을 파고드는 향수 냄새에 밀려 하룻밤 묵은 술 냄새가 여기저기 기웃기웃 사람들의 콧속을 바삐 들락거리고 있었다. 술 냄새는 이내 향수에 취해 멀미가 나는지 출입문에 기대어 사람들에게 떠밀려 밖으로 맑은 공기 속으로 나갔다.

전철은 약속 시간에 맞춰 나를 혜화동 4번 출구에 무사히 내려주었다. 많은 인파에 밀려 잽싸게 빠져나와 흐르는 땀을 닦으며 교육장에 도착하니 언제 더웠던가 싶듯 시원함은 9시간의 교육이 나를 기다리며 맞아 주었다. 밤새 설친 잠이 시원함 속에 기대어 얼마 지나지 않아 하품과 함께 무거워진 눈꺼풀은 무게를 이기지 못했고 저 멀리서 작게 들려오는 마이크 소리는 자장가가 되었다.

어느덧 지루했던 9시간을 뒤로하고 왔던 길을 되돌아가야 할 순간이 왔다. 전철의 시원함은 온종일 의자에 의지했던 피로를 풀어 주듯 또 눈이 감겼다 깜빡 졸았던 것 같은데 승객들이 우르르 내리는 느낌이 들어 깜짝 놀라 열린 문 사이로 주안이란 글씨가 보였고 허둥지둥 내린 나의 모습은 누가 보아도 '나 잠시 잠들었던 여인이요!'가 영역했고, 한낮에 뜨거운 태양으로 온종일 달구어진 아스팔트 위를 달리는 환승 버스에 몸을 실었지만, 아니 이럴 수가 있느냐는 듯 버스의 에어컨마저 고장이었다. 바삐 부채질하며 달리던 버스는 빨간 신호에 횡단보도 하얀 줄을 일으켜 잽싸게 버스의 바퀴 네 짝을 묶어버렸다. 잠시지만 자유로운 내 시선은 묶인 버스 밖을 보게 되었다. 초저녁이지만 젊지도 늙지도 않은 중년 남녀가 손을 흔들며 몸을 건들댔다. 빨간 불이 들어온 택시는 행선지도 모른 채 취객인 승객의 앞에 멈춰 섰다. 남자가 차 문고리를 잡는 순간, 휙 하고 떠나버리는 택시 남자는 혀 꼬부라진 소리로 고래고래 소리쳤다.

"이런 xxx. 왜 그냥 가는 거야 xx. 나 태우고 가면 바퀴에 구멍이라도 난데? xxx. 저런 xx. 왜? 무슨 급한 일 생겼어? xxx. 다른 거 탄다. 타 xx. 잘 가라 잘 가 xxxx"

욕은 쉴 새 없이 택시 꽁무니 견인 고리에 매달려 질질 끌려갔고, 그 뒤를 따라가는 차들은 욕을 밟고 따라갔다. 난 얼른 가위로 x자들을 싹둑 잘라 버렸다. 그리고 토막 난 단어들을 이어보았다.

"이런, 왜 그냥 가는 거야. 나 태우고 가면 바퀴가 구멍이라도 난데? 저런, 왜? 무슨 급한 일 생겼어? 다른 거 탄다. 타 잘 가라 잘 가"

 열린 창문 넘어 들어온 남자의 목소리는 내 옆자리 승객으로 앉아 나의 어깨에 기댔다. 혀 꼬부라진 욕은 남자의 집까지 끌려갔을 것이다.

 빨간 불이 사라지고, 묶였던 바퀴가 풀리자 잊고 있던 얼마 전 일이 생각났다. 친구들과 신나게 놀다 자정이 넘은 어느 늦은 밤, 간신히 잡은 택시에 몸을 싣고
 "연수동요~"
 "우째 이런 일이…." 기사님 말씀.
 "지금 집에 가는 길인데요."

 연수동의 반대 방향이 집이라며 승차를 거부하였다. 빨갛게 달아올랐던 얼굴은 택시 기사의 말에 더욱 달아올랐고, 나를 뱉어낸 택시는 다른 손님을 태우고 미꾸라지처럼 사라졌다. 맥주 석 잔이 문제였을까, 빨개진 내 얼굴이 문제였을까, 그때 느꼈던 서운함.

 '빈 차'의 빨간불이 원망스러워 나는 큰 소리로 소리쳤다.
 "그럼, '빈 차'라는 불이나 끄지!"

그리고 아들에게,

'아들! 여기 구월동인데 모친 귀가 부탁함'

핸드폰으로 문자를 보내자, 20분 만에 달려온 아들과 함께 귀가했던 기억을 떠올린 웃음이 절로 나오는 오늘도 무더운 하루였다.-Ω-

03

첫 수업,
아이들의 질서

새 학기 첫 수업 첫날,
새로운 아이들을 만나게 된다는 설렘에 잠을 설치다, 새벽녘 짧은 단잠 속에서 아이들과 웃으며 수업하다 잠이 깼다.

작년에 사고로 머리를 다치는 바람에 뇌진탕의 후유증이 여전하다. 한 해 쉴까 생각도 해 보았는데 그러면 뇌 회복이 더딜 것 같아 강행하고 있다. 동화를 외워서 유치원 아이들에게 들려주는 수업이라 무리가 있는 건 사실이다. 그럼에도 불구하고 아이들이 좋아서, 이야기가 좋아서, 봉사하는 것이 좋아서, 나는 더 많은 시간을 투자하여 노력하고 있다. 이번에 배정받은 아이들은 똑똑하기도, 개성이 강하기도, 엉뚱하기도 한 아이들이 120명이나 된다. 그 아이들에게 좋은 첫인상을 남겨주고 싶어 옷과 머리를 매번 고민한다.

옷장 안 한 켠에 자리 잡은 보물 상자를 열어 내가 제일 아끼는 한복을 꺼내어 손질하며 한복에 화려한 노리개를 달고, 흰 버선에 검정 꽃고무신이 어쩌면 그리도 잘 어울리는지……. 현관에 서서 옷매무새를 최종 점검하고, 거울 속 나를 본다. 거울 속 우아하고 단아한 여자는 오늘도 '파이팅!' 하라며 미소 짓는다.

4월의 첫날임에도 불구하고 쌀쌀한 날씨는 매서운 시어머니 같은 심술 보따리 칼바람은 알코올 한 방울 마신 사람처럼 나의 코끝을 빨갛게 물들인다. 교구 가방과 치맛자락 움켜쥐고 턱까지 차오르는 숨을 헐떡이며 한복을 코트 속에 꽁꽁 숨긴 채, 아파트 단지를 가로질러 등산하듯 언덕을 오른다. 유치원으로 향하는 발걸음은 경쾌하게 등산을 즐기며, 이 시간에는 준비한 이야기를 다시 되내어 본다. 드디어 15분간의 등산을 마치고, 원장님의 환한 웃음의 마중을 받았다.

"어머나 선생님! 너무 예쁘고, 고우세요. 꽃버선까지 신으니까 아이들이 얼마나 좋아할까?"

꽃신을 가지런히 벗으며, 나는 부끄러워 수줍게 웃었다. 먼저 6세 반 아이들이 기다리고 있는 3층으로 올라갔다. 그런데 온통 남자아이들뿐이었다. 담임선생님께 물었더니 여자아이들의 지원이 없어서 본의 아니게 남자아이들 반이 되었다고 했다. 7세 반은 그래도 여자아이들이 몇 명이 눈에 들어왔다. 하지만 여기도 여아 부족 현상이 확연히 나타났다.

뇌진탕의 후유증을 극복하고자 열심히 준비한 탓에 실수 없이 첫 시간을 마무리하고 수업을 마치고 나오려는 순간, 남자아이들 서너 명이 자리에서 일어나며 안아 달라고 했다. 기다렸다는 듯이 앉아있던 아이들도 우르르 달려들었다.

순간 작년에 다른 유치원에서의 첫 수업 때의 기억이 되살아났다. 우르르 몰려드는 아이들에게 휩싸여 내가 아끼는 한복에 초콜릿을 묻히고, 옷고름도 뜯기고, 수난을 겪은 한복은 바로 세탁소행이 되었다. 이번에는 작년과 같은 일이 반복되지 않기 위해 한마디 했다.

"이렇게 우르르 몰려오면 안 돼요. 잠시만요. 한 줄로 서서 한 사람씩 할머니에게 안겨볼까요?"

평화로운 분위기 속에서 나는 한복을 지켰고, 아이들은 질서를 지켰다. 이렇게 설레는 첫 수업을 무사히 마무리하고 한 학기가 시작되었다.

또 다른 유치원에 첫 수업을 갔을 때의 일이었다. 남자아이 한 명이 첫 시간부터 누워서 장난을 치고 있기에 일어나라고 했지만 말을 듣지 않았고, 수업을 진행할 수 없을 정도로 소리 지르며 주변 친구들을 때렸다. 아이들은 피하면서도 재미있는 놀이인 양 두세 명의 아이들이 따라 하며 같이 장난을 쳤다. 더 이상 진행할 수 없어 이야기를 멈추고 아이들을 지켜보았다. 그리고 물었다.

"친구는 지금 이야기 수업 시간인데 왜 누웠어요? 어서 일어나 앉아볼까요?"
"할머니! 저 지금 졸려요."

조금 있으면 끝나니 그때 자면 안 되냐 물어보았으나 싫다고 떼까지 썼다.

"그럼, 친구야! 소파에 누워서 자면 안 될까? 다른 친구들이 따라 해서…….."
"싫어요, 지금 졸려요."
하며 여전히 누워있었다.

잠시 후 밖에서 이를 지켜보고 있던 선생님이 들어와 사태 수습에 나섰다. 유치원 내에서는 체벌 금지, 폭언 금지라 수업을 방해한 아이의 손을 잡고 그냥 휙 나갔다. 아이는 밖으로 끌려 나가면서 겁에 질린 듯 큰 소리를 내며 우는 것이었다. 순간, '아차! 내가 잘못했구나!' 하는 생각에 마음이 아팠지만 어쩔 수 없어서 그냥 수업을 진행하였다. 또 다른 남자아이는 짓궂게 나의 치마를 들치는 것이었다.

또 밖으로 끌려 나갈까 봐 조용히 손을 잡고 눈으로 윙크하며 하지 말라는 사인을 보냈고, 내 사인을 알아차린 아이는 끝날 때까지 얌전히 있어 주었다. 한 아이를 얌전히 시키니 다른 곳에 앉아 있던 아이도 한복 치마 속이 궁금했는지 들춰보려는 것이었다. 아이들은 치마 속이 궁금했나 보다.

"친구들, 할머니 치마 속이 궁금해요?"라고 묻자 치마를 들치려던 아이들은 수줍어했고, 다른 아이들이 무슨 일인가 말똥말똥했다.

"친구들아, 만약에 가장 친한 친구의 옷을 들쳐 올리면 기분이 어떨까요?"

"기분 나빠요!"

"그래요, 할머니도 치마 속을 보려고 들추면 부끄러워요. 그러니 이제부터는 치마 들치지 말기. 약속!"

그 후로 치마를 들치는 아이는 없었다.

조금 전 끌려 나간 아이의 울음소리는 들리지 않았고, 수업 내내 어떻게 아이를 달랬기에 금방 조용해졌을까, 신경 쓰였지만 조용해진 분위기 속에서 아이들이 열심히 경청해주니 무사히 수업을 마칠 수 있었다. 수업이 끝남과 동시에 아이들이 모두 몰려 나와 안아 달라고 밀치는 바람에 그대로 넘어질 뻔했다. 난 질서 있게 한 줄로 세우고 한 명씩 안아주며 엉덩이를 토닥이면 안 되기 때문에 등을 토닥였다.

개구쟁이들은 나의 볼에 뽀뽀 세례를 쉬지 않고 쪽쪽 소리가 나도록 모두가 해주었다. 부지런히 줄 서 있는 아이들 안아주기를 끝내고, 복도로 끌려 나간 아이가 걱정되어 담임선생님께 물으니 복도 계단에 있다고 했다. 그곳은 체벌 금지로 인하여 아마도 말썽꾸러기 벌을 서는 '나 홀로 공간'인 듯했다. 나는 얼른 문을 열고 내려가 안아주었다.

"아가야, 미안해. 할머니 때문에, 이렇게 벌을 서는구나."

 가슴이 아프고, 눈물도 나고, 목이 메어 왔다. 이 어린 것이 '졸리다'고 그랬는데…'

 아이는 안경을 끼고 있었고, 두꺼운 안경렌즈엔 눈물이 묻어있었다. 양 볼엔 굵은 눈물이 아직도 흐르고 어깨를 들먹이며 조용히 흐느끼고 있었다. 집이었다면 자유롭게 눕고 놀고 하련만…….
 나는 아이 안경에 묻은 눈물을 손수건으로 닦아 다시 씌워주고, 얼굴로 흐르는 눈물도 닦아주며 무릎 위로 끌어안으니 한 움큼밖에 안 되는 아이였다. 나의 가슴에 폭파고 든 아이를 토닥이며 선생님 말씀 잘 듣고 다음 수업 시간엔 혼나는 어린이가 되지 말자고 약속했다.

 어른도 오후가 되면 식곤증이 있을 시간인데 하물며 6살짜리가 졸음을 이길 수 있었겠나 싶어 마음이 편치 않았다. 우리 손자와 똑같은 나이였고, 졸릴 수도 있는데 그냥 놔둘 걸 하며 후회했다. 그런데 시간이 지나고 보니, 그 아이는 정신 쪽으로 약간의 문제가 있었던 아이였다. 갑자기 물구나무를 서거나 친구들을 때리고 꼬집기, 침 뱉기, 아무거나 집어 던지기, 누워서 친구들을 발로 차기 등 산만하기가 어디에 비교를 할 수 없는 아이라는 것을 알고 난 후, 한 해를 어찌해야 할지 걱정되었다.

교실에 들어서면 그 말썽꾸러기를 다른 아이들보다 먼저 아는 척해주고 칭찬하며 안아주었더니, 반 학기를 훌쩍 넘기자 바른 자세로 조용히 대답도 잘하고 수업 참여 횟수도 늘었다. 하지만 잠시뿐 여전히 제 맘대로 눕고 친구들을 때리고, 묽고, '왔다 갔다' 하는데 야단치지도 못하고 아직도 갈 길이 먼 아이이다 보니 안쓰러울 뿐이다.

첫 수업은 설레기도 하지만 처음 만나는 아이들로 인해 당황할 때도 있다. 서로가 알아가는 시간이 지나면서 점점 아이들은 질서정연해지고, 성숙해져 간다. 천방지축 아이들의 특성을 다 알아갈 때쯤이면 한 학기가 끝나가는 시기가 다가온다. 올해는 작년의 사고 후유증으로 힘이 들어 쉬려고 하였으나 매주 나를 기다리는 아이들을 위해 수업 준비하다 보니 더 빨리 회복되는 느낌이다.

아이들과 만나는 시간을 통해서 내가 조금씩 건강해지는 것이 보인다. 오늘도 다음 주 아이들에게 좋은 이야기를 들려주기 위해 외우고, 또 외우고, 외우기를 무한 반복 중이다. 이런 이 시간이 나에겐 감사하기만 하다.-Ω-

04

누군가의 삶

 아들과 함께 삼대가 한 공간에서 지지고 볶으며 살고 있는 난 다동이 할머니 아침이면 아들, 며느리, 직장으로 손자 셋은 학교와 어린이집으로 모두 현관을 빠져나간 자리엔 난쟁이 따로 없다.

 여기저기 나의 손길 기다리는 집안은 쉼 없는 일터로 변하고 아이들이 돌아오기 전까지 오전 시간 활용으로 일주일에 3일 유치원과 어린이집으로 수업 다니며 집에 있는 날은 취미활동을 즐기다 보면 오후 네 시쯤 하나둘씩 "다녀왔습니다!"로 조용했던 몇 시간이 무색하리만큼 또다시 시끌벅적거리는 순간을 맞이해야 한다.

 외우고 기억하는 것은 자신 있었는데 자꾸 잊어버리는 습관이 생기는 것은 나이를 들먹이고 있는 것을 보면 이젠 어쩔 수 없는 세월의 흐름 탓인가? 유치원 수업을 위해서 전래동화나 위인전, 선현 미담 중 한 편을 암기가 필수라 일주일 내내 대본을 손에 달고 다니는데 유치원 수업 중 역시 아이들은 기억 잘하는 똑똑쟁이로 인정한다. 그 안에서도 대답 잘하는 눈에 들어오는 두 아이는 다른 아이들 이야기 할 틈도 주지 않고 제대로 숨을 쉬는 것인지 모르겠고 지난 시간에 들려준 이야기를 물 흐르듯 좔좔 좔 쏟아내는데 나의 뇌는 입주일을 바삐 움직여야 하고 눈이 돌아갈 정도로 외우기 바쁜데 참, 기특하기도 하고 들은 이야기를 그대로 다시 들려주는 아이의 표정을 바라보니 너무 진지해서 중간에 자를 수 없기에 끝까지 듣고 매번 엄청 큰 칭찬 박수로 답해 주곤 한다.

 유치원 문을 나서는 난 조금 전 있었던 수업을 생각하며 나도 모르게 입꼬리가 좌우로 흠칫흠칫 올라간 흥겨운 코웃음과 함께 나비처럼 사뿐사뿐 경쾌한 발걸음으로 버스 정류장을 향해 걷고 있을 때였다 아마도 80세는 훌쩍 넘어 보이는 단정하게 빗어 넘긴 은빛머리카락이 햇빛에 반짝임이 무색하리만큼 걸음걸이가 수상했다 왼손엔 지팡이가 들려 있고 오른손은 벽에 대고 한 발 걷고 쉬고 또 한 발 걷고 쉬기를 반복하며 지팡이가 흔들리는 불안한 걸음걸이는 왠지 금방이라도 땅바닥으로 곤두박질칠 기세로 힘겨움과 사투 벌이는 모습이 눈에 들어왔다. 그냥 지나칠 수도 있었겠지만 난 주제넘게도 곁으로 다가가 날씨도 추운데 장갑도 끼지 않고 어디 가시느냐, 왜 이런 몸으로 혼자 다니시느냐 물었다.

병원 가는데 함께 가 줄 가족이 없어서 아프기는 하고 참다못해 이렇게 무리인 줄 알지만 나오게 되었다고 했다. 어르신은 예전부터 잘 알던 사이처럼 가족사가 술술 물 흐르듯 흘러나왔다. 아들이 둘, 며느리도 둘인데 큰 며느리가 어찌나 못됐는지 아들이 당신을 데리고 병원 다녀가는 날은 어떻게 귀신같이 아는지 아들에게 난리를 치고 당신에게도 아프면 혼자 알아서 해결하라고 으름장까지 놓는 바람에 집안이 모두 시끄러웠다고 했다 몇 번을 겪다 보니 아들 역시 연락이 끊겼다고 했다

가끔 둘째 아들에게 병원 데려다 달라고 연락하면 아무 말도 없이 끊어버리고 아예 전화도 받지 않는다고 잠시 얼굴로 가져간 손은 손가락 두 개가 절단되어있었다.

남편은 일찍 아들 둘만 남겨놓고 재산도 남겨놓지 않고 병원비로 다 써버린 채 하느님 곁으로 혼자 가버려 어린 자식들을 남들처럼 호강은 시키지 못해도 굶길 수 없었기에 먹이고 입히고 공부시키기 위해 열심히 일하며 살다가 그만 손가락 두 개를 잃었고 그렇게 키운 아들들 짝채워 놨더니 '엄마는 아무것도 아니더라' 하시며 두 볼을 타고 흐르는 눈물을 잘려 나간 손가락 없는 손바닥으로 쓰윽 닦으며 한숨짓는 모습을 보니 찡한 무엇인가가 가슴 한편에서 올라왔다.

어릴 때부터 지금까지 살아오면서 어른이나 아이들의 불편함이 눈에 들어올 때면 오지랖이 발동되어 다가가는 버릇이 있기에 그날 역시 예외가 될 수 없었다.

버스로 두 정거장 되는 긴 거리 내내 한 손엔 교구 가방과 한복 가방을 몰아들고 또 한 손은 그 위대한 손을 잡고 병원까지 부축하며 모셔다, 드리는 중간중간 연신 고맙다고 힘들 건데 그냥 가라고 하셨지만, 병원 안까지 함께 들어가 접수를 마치는 것을 보고 돌아서려는데 인정이 주책인지 눈물이 주책인지 두 눈에선 눈물이 왈칵 쏟아졌다.

조금 전 즐거웠던 마음은 사라지고 걸음조차도 힘겨운 어르신의 삶 그 속에 갇힌 이야기를 듣고 보니 인생의 쓸쓸함을 무엇에 비교할 수 있을까 생각하게 했다. 그 후로 수업이 끝나면 일부러 두 정거장을 걸으며 혹시나 그 어르신을 만날 수 있으려나, 그때 치료가 끝날 때까지 기다렸다가 댁까지 모셔다, 드리지 못하고 돌아와야 했던 나의 모자람을 늘 생각해야 했고 방학이 끝나고 하반기 수업이 시작된 화요일, 수요일을 기대하며 만날 수 있다면 더 가까이 다가가서 말동무라도 해드려야겠다. 혹시나 하느님 곁으로 떠나지 않으셨다면 만날 수 있으려나 기대해 본다.-Ω-

05

한 해의
마지막 수업을 마치고

2022년

세상은 고르지도 못하다는 것을 또 느꼈다. 아이들은 다 똑같은데 어느 아이들은 부모 잘 만나 좋은 교육 받고 어느 아이들은 교육보다도 부모님의 민생고 때문인가 말 그대로 혼자 집에 둘 수 없기에 돌봐 주는 그런 수준으로 교실엔 나이 차이 나는 아이들과 함께 수업받는 것을 보고 많은 생각을 하게 되었었다.

  8년이란 세월 속에 아이들과 만나고 헤어지긴 했지만, 이번 같은 마음은 처음 느끼게 되었다. 산동네 어린이집이다 보니 다른 유치원들과는 비교도 될 수 없는 곳이기에 수업 갈 때마다 나의 마음은 늘 아팠고 그곳에 가기 위해 시간 맞춰 기다려야 하는 마을버스를 놓치기라도 하면 다음 버스 기다리는 15분에서 20분의 아까운 시간 활용을 늘 손에 들고 다니는 이야기보따리 대본을 풀어 놓는 시간이기도 했다.

  학기 초엔 수업 갈 기관을 배정 받는데 혼자 헤매고 다닐 것이 걱정된다며 쉬는 날 아들은 배정받은 이곳저곳을 함께 답사해주고 몇 번 버스를 타야하고 정류장에서 빠른 거리는 얼마나 걸리는지 까지도 자세히 알려주기도 하는 자상함이 있는 아들, 그런데 사전 답사 간 그 기관은 악 조건인 산동네였고 한 해 동안 조건 없이 다녀야 해야 한다.
  "이렇게 가파른 곳을 어찌 다닐 거야?"라는 물음에 "조건을 보며 다니면 안 되고 이런 곳일수록 우리가 다녀야 하고 여기 아이들도 이야기들을 권리가 있단다." 하며 아들의 말을 막았다.

그 어린이집으로 첫 수업 가던 날,

버스에서 내려 10여 분 비탈길을 올라가니 마흔세 계단이 또 숨차게 나를 기다리고 있었다. 잠시 흐르는 땀을 식힐 겸 발아래 제물포역 근처의 풍경도 구경하며 다시 3분을 작은 언덕길과 골목을 지나가야 했다. 원장님의 반가운 웃음이 어찌나 예쁘던지 여자인 나도 웃음 속으로 딸려 들어갔고 힘들게 올라 온 길도 꽃길처럼 느껴졌다 헉헉대며 숨을 몰아쉬는 나의 모습을 보며 원장님은 냉장고 안의 냉기 가득한 우유 한 잔을 예쁜 유리컵에 따라 주며 산 중턱까지 올라오게 하여 미안하다고 했다. 그곳엔 젖먹이 아기부터 내년에 학교 갈 남자, 여자아이들이 가 각 한 명씩, 그리고 학교 갈 아이들과 5세 아이들이 합 반 된 어려운 케이스로 수업을 진행해야 했다.

더운 여름 매주 뙤약볕을 헤치고 언덕을 오를 때면 온몸은 땀범벅이 되어있었고 손수건 한 장이 물에서 갓 나온 모양으로 나의 손에서 웃고 있다. 집에서 출발할 땐 아이들에게 예쁘게 보이려고 꽃단장했던 모습은 사라지고 거울 속 나의 얼굴은 붉은색의 화장을 한 것같이 보였다. 어린이집에 들어설 땐 언제나 코끝을 자극하는 맛있는 요리 냄새가 헐떡이며 올라 온 허기진 뱃속을 채워 준다. 원장님이 직접 재료 구입부터 요리까지 아이들을 위해 엄마의 마음으로 손끝에 매달린 음식 솜씨가 보통 수준이 넘었다.

 매주 화요일은 등산도 하고 경치 구경도 하고 땀도 흘려보고 천상의 목소리 천사들을 만나는 기쁨의 소중한 이런 시간이 난 정말 좋았다.
 걷는 것을 좋아했던 난 사고로 무릎 전방 십자인대 파열과 연골 손상으로 수술 후 오랜 재활치료를 해야 했고 그 후로도 해마다 연중행사처럼 수도 없이 다치고 입원하고 또다시 발목 복숭아뼈 골절 나사 고정술로 두 번이나 수술대 위에서 잠이 들어야 했었다. 병원 생활 내내 휠체어에 의존해야 했던 긴 시간과 퇴원 후 딸네 집으로 가게 되었고 사위는 집에서도 탈 수 있도록 나만의 휠체어를 구해 주었다.

 딸과 사위 품에 머무는 3개월 동안 평상시에도 자상한 사위는 불편함을 느낄까 봐 나에게 많은 신경을 써 주었고 잦은 외출로 귀찮을 것인데 한 번도 싫은 내색하지 않고 데리고 다닌 사위에게 미안하고 고맙기도 했다. 겨울방학이 끝나고 새 학기가 시작되자 목발에 의존하며 배정받은 기관에 수업을 갈 때는 딸이 데리고 다녔고 수업 끝날 때까지 유치원 앞에서 기다리고 있다가 집에 데려다 놓고 가곤 하다 보니 일 년 내내 운동 부족인 상태였었고, 그 이듬해 산동네 어린이집에 배정받고 보니 겸사겸사 잘된 일이라 생각했다.

언제 들어도 아이들의 목소리는 천상의 소리였고 시끄러워도, 장난을 쳐도 그런 것이 예쁘게만 보였고 그곳에는 초등학교 입학할 귀염둥이 여자, 남자 어린이가 각 한 명씩이 있었는데 이 어린이들에게 입학 선물을 무엇을 하면 좋을까 고민하다가 가격이 좀 나가는 양말 두 켤레씩 예쁜 상자에 넣고 예쁜 꽃 편지지에 꽃길 같은 글을 써서 주고 나니 계단의 개수를 세며 언덕을 오르내리던 길은 힘은 들었지만 매주 등산으로 건강해질 수 있었고, 발아래 세상을 감상하게 해 준 원장님과 대표적인 대답 잘하는 장난꾸러기들을 기억하면서, 행복함을 선물 받게 되어 감사했고 헤어짐 속에 또 다른 천사들과의 만남을 생각해 본다.-Ω-

06

오랜
시간과의 헤어짐

어느덧 십 년의 마지막 수업을 마쳤다.

강산이 한번 바뀐 건가? 난 그대로인 것 같은데…

그 말이 맞는 것 같다. 교육은 매달 다른 7분짜리 이야기 대본을 바꿔가며 토씨 하나 빼먹지 말라고 한다. 동료들과 교수님이 경청하는 가운데 한 명씩 앞에 나가 시연을 거치고 나면 주어진 1년이란 시간이 눈결에 사라지고 교육이 끝나면 이듬해는 각 기관으로 배치되어 매주 다른 이야기를 외워서 아이들에게 들려주고 그날그날 수업 일지 쓰고 나면 정신없이 한 주가 지나간다.

 처음 수업에 갔던 날이 문득 떠오른다.
 배정받은 유치원에 첫발 딛던 날, 딸애가 접수증과 안내서를 내밀며 동화와 詩를 배우러 가보라고 했을 때 겁부터 났었는데, 그날도 그랬다.

 '아! 이젠 나 혼자 헤쳐나가야 하는구나.'
 하는 생각으로 겁도 나고 어떻게 해야 할지 고민했었지만 '그냥 부딪쳐 보자!'
 교실에 들어갔을 때 첫 번째 수업인데 난 능숙하게 아이들과 함께했던 그 시간, 뿌듯함과 교육을 철저히 받은 것에 감사했다 나는 타임머신을 빌려 종종 첫 수업 했을 그때로 다녀오곤 했다.

 오늘은 왠지 기관에 들어서는 나의 모습이 초라해 보였다. 십 년 속에 속한 마지막 일 년이란 세월 속에서 아이들과 웃기도 하고, 슬픈 이야기로 눈물도 나곤 했지만 이젠 모든 것이 끝난 것이 왜 이리도 가슴이 멍한지 모르겠다. 선생님께서는 할머니가 오늘이 마지막 수업이라고 미리 말씀하셨는지 교실에 들어서 보니 아이들의 눈이 빨개져 있었고 여자아이 중에는 울고 있는 모습도 보였다 그 모습을 본 나의 가슴이 울먹이며 눈물이 나오려 하기에 침 한번 꿀꺽 삼키고 또 한 번 삼켰다. 마음속으론 "울면 안 돼."라고 외쳤고 슬프다는 내색을 하게 되면 아이들은 교실을 울음바다로 만들 것 같아 잠시 마음을 가다듬고 태연한 척해야 했다.

예고 된 마지막 수업이기에 요즘 나의 마음은 착잡하기만 하다.
아이들과 마지막 인사 나누며 안아 주기할 때 건성으로 안기는 아이가 있는 반면 진짜 헤어짐에 슬퍼하며 흐르는 눈물 손등으로 닦으며 나의 목을 꼭 끌어안고 안기는 아이들도 있었다.

"마냥 안기고 싶은 마음이겠지만 튼튼하고 뿌리 깊은 큰 나무로 잘 자라주길 바랄게요."라는 덕담과 한 명 한 명 안아주고 토닥토닥 토닥이며 그동안 정들었던 아이들과 헤어지기 위해 한 명씩 앞으로 나와 장승처럼 서 있는 이국적으로 잘생긴 남자 친구가 제 귀에 대고,

"할머니 그동안 고마웠습니다. 그 많은 이야기를 다 외워

들려주셔서 정말 고마웠습니다. 건강하세요."

"할머니 안 돼요. 내일도 오고 두 밤 자고 또 와야 해요!"

마지막 인사와 함께 오랜 세월의 도장을 찍고 교실을 빠져나왔다.

하늘에서 하염없이 떨어지는 맑은 빗방울은 나의 머리를 흠뻑 적시고, 우산 속에 가려진 나의 모습도 울고 있었다. 이날, 나의 노트에는 시 한 편이 씌어 있었다.

공감/ 박 정 란

비워지지 않는 것은
아직도 욕심이 남아서일까

털어내는 연습은 생각뿐
무엇부터 시작해야 하나
미련에 쌓인 먼지와 같은 모든 것

비가 내린다

창문에 걸터앉아
자작자작 이야기 들려주고
자리 내어 주는
나도 그런 빗방울이었으면 좋겠다.-Ω-

07

내가 살았던
지금은 만날 수 없는 옛 동네

 꽃이 피고 진 세월만큼 강산이 몇 번 바뀌었는지 손꼽아 보았다. 인천 율목동에서 태어나 초등학교 졸업 후 숭의동으로 이사한 윗집에는 나이도 같고 취미도 같은 동갑내기 친구가 살고 있었다. 지금은 청량산 정토원에 있지만 53년 동안 우리의 우정은 변함이 없었다. 마지막까지 나는 친구의 영원한 친구였다. 소녀 시절 우린 일요일이면 송도 청량산을 즐겨 찾았었다. 지난날 정상에서 내려다보았던 학익동의 모습은 아직도 선명하다. 글을 쓰는 동안 잠시 기억 속 사진들을 꺼내어 보았다.

 담장이 낮은 우리 집에는 꽃을 유난히도 좋아하신 친정어머니의 정원이 있었다. 복숭아 향기 뿜어대는 희한한 장미꽃도 많았고, 유도화 나무와 포도나무, 그리고 물속을 유유히 헤엄치는 연못 속 잉어도 모두 우리 가족이었다. 비가 많이 오는 장마철에는 장미꽃이 비에 젖을까 봐 어머니는 비닐로 텐트를 세웠고, 비바람에 가지들이 꺾일까 봐 마당에서 노심초사 밤을 지새울 때도 있었다.

 그런 앞마당 장미 나무의 꽃들은 아름다운 색과 향기로 어머니에게 보답했고, 어머니는 더욱더 정성을 쏟았다. 영양분을 공급해 준다며 용현시장 생선가게의 생선 부산물을 얻어와 장미 나무뿌리 옆에 구덩이 파서 묻어주었고, 해마다 겨울엔 짚과 헌 옷으로 감싸고 비닐로 덮어 따뜻하게 월동 준비해준 어머니에게 여름이면 고마움에 선물로 장미 나무들은 큰 꽃들과 향기를 피워냈다. 그래서 우리 집은 동네에서 가장 아름다운 장미꽃과 향기가 있는 집이 되었다.

우리 동네는 공동묘지가 있었던 곳을 재개발하여 분양된 주택단지였다. 집 안에 있던 화장실을 마당 귀퉁이에 광과 나란히 옮겨져 있었기 때문에 볼일이 볼 때면 마당으로 나가야 했다. 우리 집 정원 한 귀퉁이 연못 자리에도 커다란 묘가 있었다고 했다. 그래서인지 밤이면 담장 밖인 골목을 지나가는 사람들의 발자국 소리에도 무서움을 느껴야 했고 겁 많은 나는 화장실 다녀올 때는 급히 집안으로 뛰어 들어가기 일쑤였다. 윗집도 마당 끝에 화장실이 있었기에 친구는 오 갈 때와 심심할 땐 버릇처럼 우리 집을 내려다보았다. 친구는 나와 마주칠 땐 반가움에 이름을 부르기도 하고 손짓과 웃음으로 서로 아는 체했다. 그렇게 밤낮으로 함께 했던 우리는 일요일마다 송도 청량산 정상에 올라 높은 바위에 앉아 발아래 세상을 감상하곤 했다.

  바닷물은 햇살에 부서진 보석처럼 넘실대며 반짝였고, 하얀 소금밭을 이룬 염전은 잠시나마 우리를 미래의 부자로 만들어 주었다. 인하대 후문 앞 골목에 빼곡히 들어선 건물만큼이나 그 옛날엔 논과 염전도 많았었다. 염부의 계단 밟기로 물레방아는 쉼 없이 돌아갔고, 퍼 올려진 바닷물은 사금파리가 깔린 염전 바닥에 채워져 햇볕에 졸여지고 나면 하얀 소금밭이 된다. 햇볕에 까맣게 그을린 염부의 바쁜 써레질로 걷어 들인 소금은 창고에 가득 쌓여 염부의 입꼬리가 올라갔을 것이다.

그때의 겨울은 삼한사온이 무척이나 정확했다. 삼한(三寒)에는 군불 지핀 따뜻한 아랫목에서 아래윗집을 오르락내리락하며 군불 지핀 아궁이에서 꺼낸 군고구마 한 바구니와 마당에 묻어 놓은 김장 김치 한 포기 꺼내 대가리 툭 자르고 쭉쭉 찢어 먹으며 까르르 웃어넘기는 우리들의 끝없는 이야기로 뒹굴다가도 사온(四溫)이 찾아올 땐 윗집 친구와 스케이트를 어깨에 메고 꽁꽁 언 논으로 겨울을 즐기러 나갔다. 양 볼은 빨간 피멍 색이 되어도 마냥 즐거워 시간 가는 줄 몰랐고, 얼음판에서 넘어져도 아픈 줄도 몰랐었다.

신기촌 사거리 지나 지금의 고속도로 입구엔 공동묘지와 승화장, 타일 만드는 공장이 있었고. 그 동네에 살고 있던 검은 피부에 곱슬머리인 다른 친구가 생각이 난다. 유난히 그 동네 흙은 붉어서 비 오는 날이면 하얀 운동화에 빨간 진흙이 학교 교실까지 따라와 청소 당번인 친구들의 눈살을 찌푸리게 하곤 했었는데, 아마도 그 친구와 나에게 억 만분의 일인 일이 생겼었다. 십 년 전쯤 일본 하네다 공항 입국장에서 길게 늘어선 줄 속에 그 친구가 눈에 들어왔다. 이국적인 이미지가 중학교 때 모습이 그대로 있었기에 한눈에 알아보게 되었고, 긴 대열 속 줄 하나 사이에 두고 옆으로 지나치게 된 그 친구에게 난 말을 건넸다. 어느 중학교와 집은 학익동 산 밑에 살던 때를 기억시켜주었다. 처음에는 나를 몰라보았지만, 이런저런 기억 속 이야기를 끄집어냈더니 "아!" 하며 그제야 긴장을 풀며 서로 연락처를 공유했다.

 그리고 얼떨결에 연락처를 신문지 빈 쪽에 섰는데 짐 정리하면서 그 연락처는 쓰레기통 속으로 들여보낸 것을 뒤늦게 알고는 40년 넘어 만나 친구를 또다시 옛 기억 속에서만 만나야 했다. 친구는 현재 서울 강남에 살고 있는데 아이들은 일본에 있어서 다니러 가는 중이라 했지만, 난 친구가 어렸을 때 살던 동네에 지금은 내가 살고 있으니 그 친구를 더욱더 기억할 수밖에…….

 장미와 연못 속의 잉어들, 유난히도 꽃을 좋아했던 어머니, 스케이트 탔던 논, 염전……. 내가 살았던, 그 옛 동네는 빌라들이 줄지어 있었다. 강산이 몇 번 바뀌었지만 서리 내린 머릿속 기억들은 모두 그대로인데, 만날 수 없이 변해 버린 공존 속 지명만 보아도 어린 시절 아름답고 행복했던 추억들이 지금의 나를 있게 한 것 같다.

 내가 숨 쉬고, 내가 편히 살고 있는, 이곳의 모습도 요즘 재개발이 한창이라 곧 사라질 옛 동네가 될 것이다. 아쉬운 마음 크지만 새롭고 멋지게 변화될 모습에 벌써부터 기대된다. 우리 손주들은 할머니와 함께 살던 이곳을 어떻게 기억할지 내일이 궁금해지는 오늘이다.-Ω-

08

인천보훈지청 자리 보훈병원

오랜만에 용현동을 지나가다 보훈병원이 들어선 것을 보고 깜짝 놀랐다. 허름했던 보훈지청 건물과 군부대는 흔적도 없이 사라졌고. 웅장한 건물만이 내 시선을 끌었다. 그곳은 인천 토박이로 산 60여 년 시간의 흐름 속에 이곳저곳 생생한 기억으로 남겨져 있다.

10살 무렵 학교를 마치고 돌아와 툇마루에 앉아 잠시 쉬고 있을 때 갑자기 대문이 휙 열렸고. 마실 물을 가져오라며 한 손에 붕대를 한 남자가 들어와 휘청거리는 몸을 목발에 지탱하고 있었다.

 깜짝 놀라 두려움 속에 얼른 부엌으로 들어가 물 한 대접을 가지고 나왔다. 벌컥벌컥 다 마시자 감고 있던 붕대를 풀어 감추고 있던 갈고리 손으로 마루를 탁탁 찍으며 물을 더 가져오라고 고래고래 소리 지르고 욕을 하기 시작했다. 나는 울면서 다시 물을 가져갔고, 물을 다 마신 그 남자는 대접을 바닥에 내팽개쳤다. 너무나 무서워서 그 자리에 서서 엉엉 울었고 우는 소리에 놀란 나머지 외출에서 돌아오던 가족들이 황급히 집안으로 뛰어 들어오자 그 남자는 눈치를 보며 돈을 요구했다. 줄 돈이 없으면 쌀이라도 내놓으라고 한참 소동을 부리더니 갑자기 입에 거품을 물고 간질을 하기 시작했다. 그때 그 무서움으로 인해 길에서 갈고리 손 모양을 한 사람만 봐도 얼른 뛰어 들어와 대문을 걸어 잠그고 소리죽여 울었다. 그때 그 시절엔 몸의 일부가 없는 사람, 특히 손이 없는 사람과 목발 하나로 공포 분위기를 조성하는 사람들이 참 많았다.

 그 당시 나에게 보훈지청은 무서운 사람들과 마주칠 수 있는 공포의 건물이었고, 그곳을 지나칠 때면 유난히 빨라지는 발걸음, 요동치는 심장 소리로 숨이 턱까지 차올랐다.

하필 친정 언니의 집은 보훈지청을 지나야 갈 수 있었다. 눈물을 머금고 전력 질주했던 나는 붉은 색 먼지를 뒤집어 써야만 했고. 붉은 흙탕물로 그날 입은 옷을 세탁해야 했다.

50년 전만 해도 개발이 안 된 용현동 보훈지청 앞길은 비만 오면 빨간 진흙탕 길이 되어 신발이 푹푹 빠졌고. 날씨 맑은 날엔 붉은 먼지 날리는 버스 종점이었다.

 12살 무렵 율목동에서 숭의동으로 이사 온 우리 집엔 어머니를 위해 아버지가 손수 만드신 장미정원과 연못이 있었고. 빈방 3개가 있어 하숙생을 받기도 했다. 그 당시 전라도 광주에서 인천으로 발령받아 보훈지청에서 근무하시던 분이 우리 집에서 하숙하면서 생활했다.

 아저씨는 아침마다 콧노래를 부르며 양복에 넥타이를 매고 즐거운 마음으로 출근했다가 저녁이 되면 파김치가 되어 퇴근했다. 한 상에 둘러앉아 저녁을 먹으며 자연스럽게 하루의 일과를 늘어놓던 어느 날,
 머리에 하얀 붕대를 감은 채,
 "어머니, 다녀왔습니다."
 하며 멋쩍은 웃음을 지으며 아저씨가 들어왔다. 그 모습을 본 어머니는 깜짝 놀라 와락 끌어안으며 부모의 심정으로

눈물을 흘렸다. 아저씨는 어머니를 진정시키고. 이마를 꿰매게 된 이야기를 해주셨다. 그날 오전. 다리가 불편하신 중년의 남자분이 오시더니 다짜고짜 '나를 좀 죽여 달라'며 통증을 잊기 위해 마셔야 하는 술로 자신의 삶이 너무 힘들어 살고 싶지 않다며 술에 취해 휘두르는 목발에 맞아 그만 이마가 찢어졌다고 했다. 중년 남자는 소리치며 엉엉 울다 짚고 있던 목발마저 바닥에 내던져 두 동강을 냈고, 더 이상 도와드릴 방법이 없어 목발 하나를 다시 손에 쥐어주며 돌려보냈는데 마음이 편치 않다고 했다. 이마의 상처는 곧 아물겠지만 한 사람을 통째로 삼켜버린 통증은 시간이 지나면서 그를 온전히 망치고 있음에 많이 안타깝다고 했다.

 그들의 아픔과 슬픔을 이해하지 못했던 어린 시절 내가 마주했던 갈고리 손 그 남자도. 아저씨의 이마에 상처를 낸 사람도 모두 전쟁의 피해자였다. 그들은 국가의 부름에 거역하지 않고 나라를 지키기 위해 목숨이라도 바칠 사람들이었다.

 우리는 그렇게 고마운 분들을 사회적 편견의 시각으로 무서움의 대상으로 치부해버렸던 것이었다. 나라에서 나오는 돈으로는 생활하기 어려워 직장을 구하려 해도 신체의 일부가 없다는 이유로 고용에 반려되었던 그들도 누군가의 남편이었고, 누군가의 아버지였고, 누군가의 아들이었을 것이다.

건강함 하나로 나라를 지켰건만 그들은 건강도 잃고, 미래도 잃었다. 전쟁의 기억과 통증을 잊기 위해 마시게 된 술이 더욱더 그들을 힘들게 했었을 것이다.

 힘든 시간을 함께한 가족들 또한 고통 속에 살아야만 했을 것이다. 세상의 변화 속에 빛바랜 사진 같은 보훈지청 건물은 사라졌고, 그동안 잊고 있었던 고마운 분들을 떠올리기에 충분할 만큼 웅장한 보훈병원이 지어졌다. 종전 평화의 서막이 울리는 오늘이 있기까지 많은 시간이 흘렀다. 다시는 과거와 같은 전쟁이 반복되지 않기를 바라며, 국가유공자와 그의 가족들에게 아낌없는 관심과 지원이 있길 바란다.-Ω-

*2018년 11월 보훈의 달 수필 공모전 수상작임.

09

그래도
그때가 그립다

 시부모님 품속 그늘 밑에 삼대가 살던 대가족인 우리 집, 씩씩한 여장부 현순희, 나의 시모님은 부양할 식구들이 많기도 했다. 방이 많았던 우리 집은 어려운 살림을 차려 힘들어하는 인연 있는 사람들에게 방을 내어 주고 한 가족처럼 보듬어 안았던 웃지 못할 일들이 일어났던 재미있었던 집이었다.

20대 중반으로 되돌아가 본다. 시댁 식구와 애기 둘 삼대인 여덟 명의 가족이 한 지붕 밑에 살았고 지금이나 그 옛날이나 난 그냥 놀고먹는 체질이 아닌 부지런함을 따라 올 사람이 없었다. 남편은 직장 따라 외국으로 떠났고, 시부모 그늘 밑에 살면서 늘 새벽밥해야만 했다. 어머니는 새벽부터 일어나 밥 한술 뜨시고 집에서 20분 떨어진 밭으로 심어 놓은 곡식들 보살피고 물때 맞춰 바다에 나가시고 집 비우는 날이 매일이었기 때문에 낮시간은 마음대로 활용할 수 있었다. 집안일과 아이들을 키우며 틈틈이 부업도 했었다. 그중에 제일 힘들고 어려웠던 만큼 노력의 수고가 좋은 부업은 하늘거리는 쉬 폰 천으로 만든 12폭 치마와 저고리에 반짝이는 스팽글과 좁쌀만큼 작은 구슬로 수놓을 때였고, 밤낮으로 짬짬이 5일에서 7일을 해야 예쁜 무용복으로 태어나 무대를 장식했다.

KBS 방송과 MBC 방송에서 나의 작품을 입고 무용수의 멋진 장구춤과 부채춤 추는 장면을 볼 땐 가슴이 뿌듯했었고, 이런 작품들을 수를 놓는 일은 결코 쉬운 일은 아니었다. 어떤 날은 유독 특수하게 만든 아주 작은 바늘에 몇 번씩 찔리고 그 독으로 빨갛게 퉁퉁 부은 손가락은 아파해야 했었다. 한밤중 창문 너머로 가끔 올빼미 우는 소리만 어둠을 알리고, 나의 고개가 끄덕임으로 신호 보낼 때 잠시 두 아이들 곁에 누워 두세 시간 잠시 눈을 붙일 정도의 꿀잠이면 충분했다.

 점심때가 되면 아무리 바빠도 하던 일 멈추고 보리를 푹 퍼지게 한 솥 지어 양푼에 옮겨 담고 어머니가 텃밭에 심어 놓은 미나리, 상추, 쑥갓, 시금치 등을 한 바구니 장만하여 더운 여름날 우물 속 시원한 물, 두레박 한가득 퍼 올려 싱싱한 푸성귀 씻고 뒷마당 장독대 항아리 속에서 고추장 듬뿍 양푼에 넣고 어머니가 직접 짜온 들기름 넣어 썩썩 비빈 비빔밥에 수저 쿡쿡 꽂아 낮잠에 푹 빠져 꿈속 헤매는 아낙들 깨워 마루 한가득 둥글게 둘러앉아 꽁보리밥 먹으며 방금 꾼 꿈 이야기 풀어놓고 있을 때 생선 장수 아주머니 머리 위 다리에 한가득 이런저런 생선들을 이고 점심때만 되면 시간 맞춰 밥 냄새 따라 대문을 지나 앞마당까지 생선 팔려고 하는 것처럼 하고 들어선다. 옛말에 "똥은 옆에 두고 먹어도 사람은 옆에 두고 먹는 것이 아니다."라는 말이 있듯이 그분도 한자리 끼워 준다. 우리 집은 늘 잔칫집이었고 나는 사람들로 북적이는 것이 재밌고 좋았다.

 비록 가진 것 없이 남남으로 만난 한 마당을 밟고 사는 귀한 가족들, 방 하나 부엌 하나에서 시작한 살림살이라지만 가족들의 행복을 꿈꾸는 사람들의 보금자리였다. 시내와 먼 거리인 준 시골 송도 유원지 앞에 방이 많은 집으로 알려진 우리 집, 한번 들어와 살림 늘리고 살던 사람들은 쉽게 우리 집을 떠나지 않았다. 집 장만할 때까지 차곡차곡 모은 금쪽보다 더 귀한 자금으로 하나둘 제비가 떠나듯 울타리 밖으로 떠날 땐 섭섭함에 눈물 흘리며 보내는 마음, 떠나는 마음이었다. 한 울타리 안의 가족이었던 그분들은 잊지 않고 명절 때는 선물꾸러미 안고 찾아와 함께 살면서 즐거웠던 일을 회상하며 웃고 떠드는 동안 난 언제나 부엌에서 푸짐한 밥상을 준비하여 든든히 먹이고 놀다 가도록 했다. 한마당 밟고 살다 떠난 식구들은 가족들과 함께 유원지로 놀러 올 땐 어머니가 좋아하시는 술과 음료수 우리 아이들이 좋아하는 과자, 과일을 보자기와 가방에 눌러 담아 오는 덕분에 그런 날은 간식이 푸짐했었다. 그 가방과 보자기에 담아 온 것처럼 자그마한 키에 손이 큰 어머니는 빈손으로 보내지 않고 친정에 다녀가는 것처럼 이것저것 많이도 들려 보냈다.

한 마당 밟고 울타리 안에서 함께 살았던 그 식구들을 어머니는 어머니 마음으로, 젊음의 마음인 난 작은 일까지도 보듬어 안고 의지하며 아침이면 웃는 모습과 저녁이면 마당에 전등 꺼질 때까지 마주 보며 웃음으로 하루를 마무리했다. 또 한 가지 웃을 수밖에 없는 우리 집만의 풍경, 많은 가구 중에 유일하게 어머니 방에만 TV가 있었다. 방송 시작할 때는 아이들이 TV 앞을 장악하고 연속극 할 때는 여자들이, 그리고 레슬링에 김일이 등장할 때는 TV가 잘 보이게 방문도 다 떼어내고 몰려 앉아 지붕이 들썩 시끌벅적했고 이웃에 세 들어 사는 가족들도 안방극장으로 놀러 왔다.

 겨울 해가 넘어가기 전, 아궁이에 군불 지피고 방바닥이 따끈따끈하게 데워지면 저녁을 해결한 각방의 식솔들이 하나둘씩 안방극장으로 모여든다. 가마솥에서 갓 쪄낸 김이 모락모락 나는 고구마 한 양푼과 얼음 서걱대는 동치미 역시 인기 만점이었고 뒤꼍 광에 있는 항아리 속의 살얼음 언 김장 김치도 대가리 썩 뚝 베어내 양푼에 담아 들여놓으면 쭉쭉 찢어 손가락 쪽쪽 빨아대며 먹는 소리 맛있게 들리고, 바쁜 시간을 지켜서 해야 할 일이 생길 때면 먹을거리만 안방극장으로 넣어 주고 나의 방으로 건너온다.

 어머니는 자리에 눕기 전에 장 속에 담요와 이불 등을 방바닥에 수북이 꺼내놓으면 기다렸다는 듯이 모두가 이불 속으로 파고든다. 심지어는 어머니 이불 속으로 들어가 눕기도 했다. 누구든지 눈치 빠른 행동은 문을 피해 좋은 자리를 만날 수 있었지만 난 언제나 바람 들어오는 문 앞에 앉아 심부름꾼 노릇을 해야 했었다. 따뜻한 자리를 얻은 사람들은 절대로 일어나 나가지 않았고 안방극장에 들어오기 전에 미리 화장실도 다녀와 자리 확보 후 껌딱지처럼 눌러앉아 일어나면 그 자리는 다른 사람에게 빼앗길 것을 생각해야 했다. 따뜻한 안방극장은 대인기였고 가득 모인 한마당 식구들이었기에 그만큼 정도 더 깊었나 보다.

　울타리 안의 가족은 40명이나 되었고 대식구들이 살다 보니 과부하로 두꺼비집에 퓨즈가 자주 끊어졌다. 자리 쟁탈전 때문에 절대 일어나는 사람들이 없었다. 난 조용히 일어나 초에 불을 댕겨 두꺼비집 퓨즈를 갈아 끼우고 일부러 한참 동안 스위치를 올리지 않고 있어 본다. 안방극장에선 재촉하는 큰소리가 온 동네를 휩쓸고, 난 혼자 킥킥대며 웃다가 스위치를 올려 주면 환한 빛을 맞는 한마당 가족들의 환호성 소리, 아마도 그 즐거운 비명 소리는 우리 집에서만 맛볼 수 있었을 것이다

　늦은 밤 애국가가 울려 퍼지면 그제야 식솔들 앞세우고 각자의 방으로 돌아간다. 산더미처럼 쌓여있는 치울 것들, 부엌에서 정리하고 나면 나의 하루 일과가 끝이 난다. 지금 생각하면 웃지 못할 일들이 우리 집에선 아무렇지도 않게 있었다.

그 많은 사람들이 지금은 어디에서 살고 있는지 가장 친하게 지냈던 제비 남편을 둔 이목구비가 또렷한 미녀지만 산후조리 잘못하여 순금으로 치아를 도배한 돼지엄마는 30년 전에 멀리 가버렸고, 저녁상에 올려질 음식을 만들 때면 쪽마루에 누워 부엌을 들여다보며 먹고 싶어 하던 언니 같은 명숙 엄마 반찬과 연탄불에 갓 지은 밥 한 그릇 먼저 담아주면 암으로 입맛을 잃었지만 맛있게 먹어주었고, 그렇게 나의 손맛을 보며 살았던 투병 끝에 아플 것도 없는 하늘로 이사 갔다.

 추운 겨울, 애기 낳고 냉기가 휩쓰는 방바닥과 먹을거리라곤 물밖에 없는 방에서 아무리 둘러봐도 나올 것도 없는 애꽃은 천정만 뚫어져라 쳐다보는 철부지 17살의 광조 엄마, 너무 가여워서 나의 방 아궁이에 이글거리는 연탄불 몽땅 빼다가 넣어주고 검은 연탄 한 줄 때다가 부엌 한 귀퉁이에 쌓아 놓고 보리는 섞였지만, 보리밥에 미역국 끓여 방에 밀어 넣어 한숨 돌리고 나니 어머니가 귀가하셨다. 난 아무일도 없었다는 듯 저녁 준비하는 척했다.

 가을부터 늦은 봄까지 방바닥을 따숩게 해줄 광에는 1,500장이나 되는 연탄을 쌓아 놓고 있었기에 난 이방 저방 돌아보며 냉기 도는 부엌이 있으면 어머니 몰래 연탄 날라다 부엌에 쌓아주었고 어머니는 다 알고 계시면서 모른

척해주신 고마운 분이셨다.

 남편한테 의심받으며 손찌검당하고 살던 일용엄니, 두 모자를 뒤 채 시동생 방에 감춰두고 며칠을 내 방 창문 너머로 밥해서 날라다 먹여 살렸던 일, 문간방 쌍둥이 딸을 둔 진희네, 그대는 "내 사랑 하니"를 찾던 용구 모친, 작은 방에서 옴닥옴닥 네 식구가 살던 임철네, 치와와를 어찌나 잘 먹였는지 커다랗게 키워놓고, 길고양이 데리고 와 방에서 개와 고양이를 키우며 식사 때마다 닭 한 마리씩 삶아 뼈 발라 먹이던 뚱뚱이 마야 아줌마 등등….

 이렇게 마당을 사이에 두고 지냈던 수많은 인연들, 지금은 어디서 살고 있는지 보리밥 이야기 속에 푹 빠지는 날엔 한 지붕 아래 함께 살던 얼굴들이 수저 안에서 보리알처럼 탱글탱글 웃으며 다가온다.-Ω-

10

눈물로 쓴 편지

 창밖엔 크고 작은 차들이 엔진소리에 맞춰 춤추고 그 속엔 느림보도 있고, 정신 줄 놓은 차는 신호만 바라보고 있다. 묘기 대행진에 참석하려는 것인가.
 오토바이는 곡예사가 되어 자동차 사이를 요리조리 비집고 들락날락하는 것이, 마치 물속에서 물고기들이 자유자재로 움직이는 것 같았다. 옛날엔 오토바이 장사가 오토바이 한 대 팔면 "관하나 또 팔리겠구나!" 했다고 했다 지금은 자동차들이 하도 많아서 옛날처럼 굉음을 일으키며 달릴 수는 없지만 오래전 속도 제한 없이 마구 달리던 그 시절엔 사고로 인해 많은 '젊음'들이 유명을 달리하곤 했다. 세상의 우상이 되고 싶었는지 오토바이 꽁무니엔 여자 한 명씩 태우고 멋인지는 모르겠으나 목에는 머플러 동여매고 머리는 주로 2대8 파리가 낙상하리만큼 포마드 잔뜩 바르고 정신 줄 놓고 거리를 누비며 달리던 멋져 보이려 했던 사람들, 그 속엔 우리 오라버니들도 두 명이나 있었다. 친정어머니는 오빠들이 마당에 오토바이 세워놓고 들어와 잠자는 모습을 보고 잠이 드셨다 했다.

아마도 53년 전쯤일까, 둘째 오빠는 거나하게 술에 취해 집으로 온다고 오토바이를 타고 반대 방향인 송도 쪽으로 질주하다가 동양화학 공장의 큰 불빛을 자동차 불빛으로 착각하여 핸들을 언덕 아래로 틀어 추락했고 그 당시 그곳은 밤이면 차도 잘 다니지 않는 곳이기도 했다.

그런데 그 어쩌다 지나가던 차가 언덕 아래에서 불빛이 비친 것을 보고 내려서 보니 오빠는 바닥에 쓰러져 피를 흘리며 정신 차리지 못 한 채 누워있는 것을 발견하고, 경찰에 신고했고 응급실로 실려 간 오빠는 술이 만취, 혼수상태로 호흡 곤란까지 왔다. 몸은 어디 한 군데 성한 곳이 없었다. 병원으로 이송된 오빠의 얼굴은 괴물이 되어 너무 무서웠고, 다음 날 술도 깨고 정신이 든 자신의 모습을 보고 놀랐을 것이고, 입안과 코로 연결된 머리 어느 부분이 파열되었는지 멈추지 않고 흐르던 피가 응고되어 핏덩이로 호흡 곤란이 오게 되자 거울을 보며 입을 벌리고 자신이 핀셋으로 핏덩이를 뽑아내고 있었다. 그렇게 해야 숨을 쉴 수가 있었기 때문이고, 간호사가 바쁜데 일일이 빼 내줄 수 있는 조건도 아니었기에 혼자 감당해야 했었다. 잘생긴 오빠의 얼굴은 여기저기 꿰매어 형편없었고 그저 부모님 앞에서 하늘로 떠나지 않은 것만으로 다행이었다.

열손 가락 깨물어도 안 아픈 손가락 없다고 했던가. 그런데 십 남매 형제 중 다섯째인 둘째 오빠는 부모님의 가슴을 유독 아프게 했던 손가락이었다.

죽음직전까지 갔던 오빠는 엉뚱한 소리를 잘했고 그럴 땐 눈동자에서 빛이 났고 무서웠다. 가끔 죽은 친구가 따라온다는 둥 귀신들이 대문 앞에 있다는 둥, 밤에 집에 들어올 때는 게으른 아기엄마들의 아기 기저귀가 빨랫줄에 널려 바람에 흔들리는 것을 보고 하얀 소복한 여자 귀신이 따라온다며 초인종을 문 열어 줄 때까지 눌러대고 문이 열리자 집 안으로 순식간에 뛰어 들어가 이불 뒤집어쓴 채 가족들을 불안에 떨게 한 자신은 코를 골며 맛있는 잠 속으로 빠져들었고, 어두운 밤이 지나고 밝은 날이 오면 밤새 가족들을 긴장시켰던 오빠는 아무 일도 없었던 것처럼 아침을 맞이했다 그렇게 몇 년을 보내다 보니 어머니의 정성으로 정상으로 돌아와 사업가 체질이었던 실력을 발휘하며 열심히 살았고 그 뒤로 53년을 더 살다 80세로 더 많이 살고 싶어 했던 욕심 많은 세상을 등지고 우리 곁을 떠났다.

 오빠의 뒷수발을 들어 줘야 했던 지난날들이 눈만 감으면 '휘리릭' 하며 영사기가 돌아간다. 이젠 보고 싶어도, 생각난다 해도 한 줌의 재로 하늘 높이 날아가 버렸고, 오빠가 살아 있을 때 끼적였던 글을 카톡으로 보내주었지만, 눈물이 나서 끝까지 읽지 못했다고 했다. 난 오빠에게 눈물로 써내려간 '공허(空虛)'라는 글을 읽어 내려가는 나도 울고, 듣고 있는 오빠도 울었다.

공허(空虛)/ 박 정 란

소년은 어린 날이 그리워
고목 나무 앞에 고목이 되어 다시 섰다

나무 아래서 놀고 있는 소년
가지마다 형제들 웃음소리 걸려있고
한여름 어머니의 부채가 바람을 피운다

아버지의 자전거 뒷자리엔
어린 동생들 조잘대는 짐이 나풀대며
한가득 실려 있다

조용히 눈을 감아본다
두툼한 눈물은
한 방울 두 방울 땅바닥에 묻히고
두 팔 벌린 어머니가 된 고목은
가슴으로 안아 다독인다

돌아가고 싶다
돌아가고 싶다

젊은 날의 흔적을 잃어버린 채
걸음조차 힘겨운 삶이 되어버린
팔십 고개가 저만치 서서 슬금슬금 다가온다

퇴색된 고목은

한 생애의 석양 앞에 무릎 꿇고

목 놓아 울어도 돌아보는 것은 메아리 뿐

말 없는 그림자

오늘도 수평선 너머로 숨어들 뿐이다

-Ω-

*우리들의 어린 시절과 그리고 병들고 늙어가는 오빠의 모습을 바라보며 지었던 글을 뒤늦게나마 여기에 담아 보았다. 2021년 7월 1일부터 8월 29일로 끝맺음 정리해 둔 글이다. 왠지 아, 그립고 보고 싶은 오빠!

11

내 삶 속에
깊이 들어와 있는 사람

나에겐 50년 지기 친구가 있었다.

지금은 자유 찾아 날개 활짝 펴 날아갔지만 일주일에 몇 번씩 송도 신도시에 갈 때면 터질 것 같은 몸매를 과시하며 호탕스런 웃음으로 반겨줄 친구는 산 중턱 납골당에서 내려다보고 있다.

한여름 날, 나뭇잎들의 배려로 시원한 그늘 속에서 매미들의 짝 찾기 노랫소리 귀 고막 아플 때 부산행 KTX 7호 칸에 몸을 맡겼다. 휙휙 지나가는 풍경은 친구와의 긴 여행을 오랜만에 꿈꾸어보았다.

초등학교 졸업 무렵 골목길 하나 사이에 두고 새로 지은 양옥집 윗집 아랫집으로 이사 와 친구로 맺어진 우정은 변함없는 고목나무 나이테처럼 차곡차곡 쌓여갔고 친구는 기타와 피아노를 즐기며 노래도 잘했다.

우린 서로에게 의지하며 삶의 종착지에 다다를 때까지 함께 가자고 했던 친구의 상태는 그리 좋지 않다는 소식에 달리는 기차가 너무 느리게만 느껴졌다. 친구를 한 번이라도 더 눈에 담아 두고 싶어 멀다 않고 달려갔던 길, 대학 병원에 있어야 할 친구는 이리저리 알아보고 두 시간 만에 요양병원에서 만날 수 있었다. 숨차하며 토막 낸 작은 목소리는 나의 귀를 긴장하게 만들었으며 얼굴빛은 황갈색으로, 마지막 같은 친구와의 이승에서의 나누는 이야기는 병실 안을 둥둥 떠다니며 옛날을 회상시키려는 나의 말에 천사 같은 친구의 웃음이 옆에서 미소 짓고 있었다.

긴 시간 함께한 난 다음을 기약하며 병실 문을 잡는 순간 나의 발길을 잡는 친구의 한마디, "친구야, 눈물 난다. 먼

길 고맙다. 또 올 거지? 그런데 말이지 너무 멀어서…….
널 많이 보고 싶고 기다렸어."

흐느끼는 친구에게 난 애써 울음을 참고 매정하리만큼 야단치듯 툭 던진 말은 너무나 일상적이면서 뻔한 말이었다.

"울지 마! 계집애야, 머리맡에 있는 전화나 좀 잘 받아. 나 또 올 거야. 밥 잘 먹고 있어. 이걸로 큰딸에게 먹고 싶은 거 사 오라고 해서 먹어!"

거금이긴 하지만 20만 원을 주머니에 넣어 주고 뛰쳐나오듯 병실을 빠져나와 복도 벽에 기대선 난 주체 할 수 없이 나오는 눈물을 손수건 두 장에 받아야 했다. 그렇게 부산에 다녀온 지 꼭 한 달 되는 날 새벽 2시, 위독하다는 전화가 왔다. 첫 차로 내려갔지만, 혼수상태. 아무것도 모른 채 친구의 알몸은 링거 줄과 뒤엉킨 여러 가닥의 줄에 매달려 있었다.

가끔 나의 글을 읽어주면 좋아했던 친구를 위해 달리는 열차 안에서 옛날에 즐거웠던 일들을 회상하며 다시 일어나지 못한다는 것을 알면서도 친구에게 희망을 주고 싶었고, 만약 우리 곁을 떠난다고 해도 슬픈 이야기보다 즐거웠던 이야기가 길동무가 될까 싶어 옆자리 승객에게 들킬까 봐 흐르는 눈물 몰래 훔쳐 닦고 쓴 글을 친구의 손을 꼭 잡고 읽어주었다.

가족들에게도 반응 없었다는 친구는 나의 목소리가 눈가에 이슬이 맺히고 심장 박동이 기폭이 심하게 움직였다. 왼손이 두 번이나 들어 올려져 가족들의 놀라움을 주기도 했고 뭐라고 말을 하는지 목 안으로 말려 들어가는 숨 가쁜 마지막 인사 같아 안타까웠다.

아마도 "고~맙~다."라고 인사하는 것 같이 느껴졌다.

다음 날 고인이 되어 인천으로 왔을 때 머리부터 발끝까지 꼭꼭 숨겨졌던 온몸을 만져주고 돌아온 것이 나와의 마지막 만남이 되었고 각자의 생활 때문에 자주 못 만났던 친구들에게 떠나보내야 할 친구를 위해 나의 거미줄 같은 연락망은 쉴 새 없이 돌아가야 했다. 그렇게 한 자리에 모여 지난날을 이야기하며 2박3일 장례가 끝나고 납골당에 안치시킬 때까지 함께했던 43시간, 난 그렇게 50년 지기 친구의 손을 놓아 버렸다.

내 친구야/ 박 정 란

나는 보았다
너의 드러난 알몸
만지고 더듬어도 아무런 반응 없는
마지막 가는 길

베 활 옷 속 꽁꽁 숨겨진 육척의 몸
비단길 따라
빛나는 별 깊숙이 집 짓고
이글거리는 불꽃은
친구를 입안으로 끌어당겼다

두 시간 만에 한 줌의 재로 유골함에 담겨져
승화장 마당을 미끄러지듯 빠져나와
이승에 살면서 오가던 길
실컷 구경하라고 거침없이 질주했다

전화기 속
너의 목소리와 번호는 날 놔주지 않고
함께했던 50년 지기의 추억
불꽃 속으로 사라져 갔지만
아니라고 하고 싶은 건 왜일까!-Ω-

12

특별한 나의 이야기

  누구나 아프지 말고 자는 듯 하늘나라로 가는 것이 소원이다. 병원에 가면 웃고 있는 사람은 없고, 아무리 가벼운 마음으로 갔더라도 초상집 같은 분위기에 휩싸이는 곳이 바로 그곳인 것 같다.

  6년 전 급성 신장염으로 40도 가까이 오른 고열은 몸살인

줄 알았고, 참고 견뎌 낸 48시간은 이 세상에서의 마지막 시간이 될 뻔했었다.

꼭두새벽에 문을 열고 들어선 딸은 제대로 걷지도 못하는 나의 몸을 부축하여 급히 달려간 대학병원 응급실 문을 열고 들어섰다. 그 안의 의사와 간호사는 밀려드는 환자들을 돌보느라 정신없었고, 쭉 침대 위에 뉘어진 나의 몸은 안도감이랄까 엄마 품에 안긴 것처럼 몸은 침대 밑으로 푹 꺼져 들어가는 느낌이 들었다.

누군가 체온을 재고 누군가는 눈동자의 움직임 살피고 누군가는 산소 호흡기를 코끝에 걸어 놓았다. 팔뚝에 고무줄 꽁꽁 묶고 주사기 바늘로 후비며 흡혈귀처럼 몇 대롱의 피를 뽑아가는 병원이란 안도감에 아팠던 시간을 뒤로한 채 깊은 잠 속으로 빠져들었다.

하늘로 떠난 친구가 찾아와선 놀러 가자며 손을 잡고 있었다. 나의 몸은 이미 덜컹대는 낡은 버스를 타고 있었고 얼마만큼의 시간 속을 달린 것인지 높고 험준한 산길을 꼬불꼬불 오르던 버스가 고장 났다고 모두 내리라고 했다. 내려진 곳은 높은 산 위 절벽이었고 절벽 밑은 깊고 푸른 물이 흐르는 넓은 큰 강이었다. 순간 집으로 돌아가야 한다는 생각이 들었고 주위를 둘러보니 많이 왔다고 생각했던 산길은 바로 아래에 작은 개울만 건너면 집 근처였던 것이었다.

딸이 깨우는 바람에 눈을 떠 보니 조금만 늦었어도 큰일을 당할 뻔했다는 주치의 말에 이렇게 해서 한 번 더 인생의 삶이 열리게 되었다

그 후 두 달 전부터 또 몸살처럼 몸이 아프고 열도 오르고 눈도 뜰 수 없이 피곤하고 걸음조차 걷기 힘들었다. 지난겨울 발목 부상으로 수술했던 그 후유증으로만 생각했는데 또다시 신장과 위가 말썽부리는 것도 모르고 코로나 백신을 맞고 부작용으로만 알았던 난 손톱과 머리카락까지도 만질 수 없는 통증에 시달려야 했다.

마지막 수업이 될지도 모른다는 생각에 나를 기다리고 있을 유치원 손자, 손녀 43명에게 약속을 지키려고 진통제에 의지하며 수업을 무사히 마치고 딸의 손에 이끌려 병원으로 향해야만 했었다.

또다시 찾아온 신장염이 문제였다. 보통 사람들은 염증 균이 0.7~1℃도 높다고 하는데 전날 검사에서는 6이라는 수치가 나왔고 하루 만에 11이란 수치로 두 배가 늘었다고 빨리 큰 병원으로 가라며 소견서를 써준 동네 원장님, 그러나 대학 병원 응급실 앞은 코로나로 아무리 응급이라도 바로 들어갈 수 없는 응급실이 되어있었고, 직원들은 누구를

막론하고 함부로 들어가지 못하게 저지하며 응급실 마당 한 구석에 있는 컨테이너 임시 격리실 안에 딸과 함께 1시간 정도 갇혀 있다가 응급실 문안으로 입성은 했지만, 또 작은 방안에서 3시간이나 격리되어 이것저것 검사하고 CT 촬영 한다며 부산하게 움직이는 응급실 스텝들, 팔에는 링거 줄 이 세 개가 매달려 나를 걱정스럽게 내려다보고 있었다.

 지루한 갇힘에 잠시 눈을 감고 있으려니 꿈이 아닌 듯 응 급실 복도엔 시신들이 여기저기 뒤엉켜 쓰러져있었다. 쪽 침대에 누워있는 나의 위에서 머리를 풀어 헤친 어떤 여자 가 내려다보는데 눈 하나가 밥공기만큼이나 큰 것이 한쪽 눈은 부어 감겨있고 한쪽 눈을 부릅뜨고 나를 바라보고 있 는 것이 금방이라도 눈동자가 튀어나와 나의 얼굴로 떨어질 것만 같았다. 어찌나 무서웠는지 나도 모르게 '으윽'하는 소 리에 놀라 눈을 떠 보니 그사이 잠들어 있었고 꿈을 꾸었던 것이었다. 나의 몸은 아직도 격리된 방 쪽 침대에 누워있었 다.

 이런저런 검사를 마친 후 응급실 깊숙한 자리까지 가는 길 은 멀기만 했다. 응급실에서 병실까지의 입성은 새벽 2시가 넘어서였다. 물 한 모금 못 마시게 하곤 무슨 검사가 그리 많은지 다시, 검사를 해야만 했다. 난 아픔 때문에 오랜 시간 시달림을 받아야 했지만, 나의 옆에서 한 발자국도 떨어지지 않은 딸 역시 끼니와 한 모금의 물도 못 마시고 함께 굶으며 새벽부터 다음 날 새벽 2시까지 옆에서 자리를 지켜 준 딸에게 한없이 미안하고 고마웠다.

이렇게 매번 딸의 시간을 빼앗은 난 죄인이 되어야 했다. 퇴근하여 혼자 저녁을 해결해야 하는 사위에게도 미안했다.

"제발 아프지 말라고…. 엄마 고생하는 거 보고 있는 나 역시 힘들어!"

이렇게 말하는 딸의 힘 빠진 모습은 늘 나의 마음을 아프게 하였고, 그도 그럴 것이 매번 나의 간병인이 되어버린 딸의 고생스러움을 난 너무도 잘 알기 때문이다. 그때마다 결심한다.

'아프지 말자고.'

그러나 그것이 마음대로 되는 것도 아닌데 늘 살얼음 위를 걷는 것 같은 자세로 살고는 있지만….

일주일은 인생길에 비하면 짧지만, 그 시간은 나에게 또 너무 힘든 시간이었다.

'제2의 삶', '제3의 삶'이 연장될 때마다 늘 곁에서 손을 꼭 잡고 놓아주지 않는 딸과 며느리, 사위, 아들, 손자….
부모는 '아쉽다' 할 때 손을 놓아주는 것이 좋고, 자식들은
아쉬움이 남아있을 때 끈을 놓아주는 것이 효도하는 것인데
세상을 버리고 떠나고 싶어도 아이들이 잡은 손 언제 놓아
줄지 아직은 생각 없는 것 같고 이렇게 좋은 가족들과 살고
있는 난 전생에 무슨 복을 쌓았는지 궁금하기만 하다.

 그런데 병원에 입원할 때마다 늘 앞 침상엔 양팔이 묶여있
는 어르신들이 계셨다. 이번에도 예외는 아니었다. 일주일
입원한 내내 앞 침상에 양팔이 묶여있는 92세 치매를 앓고
계시는 어르신과 친구가 되어주어야 했고, 눈을 마주칠 때
면 윙크하시는 귀여움도 보여 주었다. 식판을 앞에 놓고 입
맛 다시며 어서 먹으라고 손짓하며 '밥 다 먹고 오라' 하는
것이다.

 "애미야, 내가 돈이 많은 부자인데 너 한데도 재산을 떼어
줄게 예쁘게 머리 손질하고 와. 얼마 주면, 머리하지?"
 난 금방 머리 감고 말리느라 늘어트린 머리가 더워 보였나
보다.
 얼른 머리를 묶었더니, "아이고 참 이쁘구나. 이쁘네" 하시
는 것이 아닌가. 어르신이 보시기엔 그저 애들로 보였나 보
다.

육십 고개가 훨씬 넘은 중노인인데 우습기도 했다. 누가 "얘" 하며 불러주겠는가. 오랜만에 들어 보는 소리에 처음엔 깜짝 놀랐지만, 며칠을 듣고 보니 "얘"라는 단어가 익숙해져 있었고 "덥다" 하시는 어르신을 위해 이야기 대본으로 요술 부채 만들어 잠이 들 때까지 옆에서 땀을 식혀 드렸다. 난 대신 땀으로 목욕했지만, 환자가 환자를 돌본다는 것이 또한 즐거운 일이기도 했다.

　퇴원 전날, 옆 침상의 90세 어르신은 낮부터 박동기 바늘이 심상치 않게 아래쪽을 향해 활발하게 움직이고, 주름도 없이 예쁜 모습이 나와 눈이 마주칠 때마다 무슨 말을 하고 싶어 하는 것 같았지만 코로나로 가까이 가는 것은 좀 그랬다. 몇 시간을 애처로운 눈빛으로 날 바라보는 어르신의 표정만 살펴보다 간호사님께 미뤄야 했다.
　'아무래도 오늘이 바로 먼 길 떠나실 날이구나!'라는 것을 직감했고, 가족도 없는 이승에서의 마지막 밤을 넘기지 않으려고 밤 10시쯤 어르신의 침상은 병실을 조용히 미끄러지듯 빠져나가는 것을 보게 된 난 어르신에게 미안한 마음이 들었다.

　그리고 그곳에 가시면 아프지 않고 행복하게 사시라고 기도드렸고 그날 밤, 갑자기 무서움에 잠을 이룰 수가 없었다. 문 바로 앞이기도 한 나의 침상 옆엔 환자들을 보살피기 위한 간호사가 상주하고 있는 창의 커튼을 반쯤 열어놓은 것을 활짝 걷어놓고 월요일에 퇴원하라는 말을 뒤로한 채, 다음 날 잠꾸러기 앞 침상 어르신에게 집에 간다고 인사도 못 한 채 퇴원했다.

12년 전 교통사고로 다리를 심하게 다쳤던 난 오랜 병원생활을 해야 했었고 앞 침상 어르신과 이야기도 나누며 지루한 병원생활을 보낼 수 있었던 어느 날 간병인이 급히 서울 친가에 다녀와야 할 일이 생겨 반나절만 환자인 나에게 환자를 부탁했다.

얌전히 누워있는 분이고 코로 연결된 줄에 식사 시간 되면 주사기로 먹여 달라고 했고 가끔 외출할 때 부탁했던 때와는 먼 거리를 다녀와야 했기에 할머니를 유심히 관찰하며 평소에 했던 대로 주사기로 미음을 코에 연결된 줄에 넣어드렸다.

그런데 어르신의 표정이 수상했다. 왼손이 자꾸 엉덩이로 가는 것이었다. 병실 안은 구수한 냄새로 차오르기 시작했고 난 급한 마음에, 침대에 부딪히며 가보니 어르신은 아기처럼 기저귀에 묽은 변을 내놓으셨다. 간호사님들께 간병인의 자리 비움을 들킬까 봐 창문 열어놓고 손에 변을 묻히며 빛의 속도로 처리했던 일도 있었고, 내가 퇴원하고 20여 일 후 정이 담뿍 든 어르신은 옷장 옆 눈높이에 붙여 둔 사진 속 사랑하는 영감님 찾아 떠나셨다는 가슴 아픈 소식을 듣고 '응가쟁이 할머니'라고 놀리며 웃었던 생각이 슬금슬금 죄인처럼 지나갔다.-Ω-

13

잊지 못할
2018년 11월 20일 화요일

　오후 1시에 있을 유치원 수업갈 계획을 세우고 오전 시간을 활용할 셈으로 며느리 팔짱을 낀 채 이런저런, 이야기하며 단지 내를 벗어나 동네 대중탕으로 향했다. 우린 시원함을 만끽하며 손은 나름 부지런 피웠고 벽에 걸린 원판 더듬는 검은 시곗바늘은 오늘따라 빨리도 지나갔다.

수건으로 마무리까지 완성, 나오려는 순간 문제의 작은 볼일은 집까지 가기엔 너무 무거울 것 같아 몸무게를 줄여야만 했다.

30년이 훌떡 넘은 목욕탕 인지라 탕 안을 가로질러 지나가야만 화장실을 이용할 수 있는 옛날식이었다. 볼일을 마치고 조심스레 화장실에서 탕 쪽으로 한 발 딛는 나의 몸은 바퀴 달린 롤러스케이트에 매달려 미끄러지듯 탕 바닥에 눕혀졌다. 순간 번개처럼 뇌리를 스치는 무서움이 나를 엄습해 왔다.

'아, 여기서… 여기서, 내가… 내가, 설마 이대로' 하는 생각으로 탕 바닥에 몸이 눕혀진 것은 사실이었고, 머리를 부딪칠까 봐 힘껏 들어 올렸지만 탕 바닥이 아닌 하필 화장실 문지방 날카로운 자, 그 부분에 떨어지면서 뒤통수 바로 밑이 닿았다. '탕'하는 총소리가 귓전에 울려 퍼졌고 잠시지만 머릿속은 하얀 백지 눈앞은 캄캄하고 아무것도 보이지 않았다.

심장이 딱 멎는 느낌을 받았다. 순식간에 찾아온 통증은 어떻게 표현해야 할지 정신이 들었을 땐 차라리 그 자리에서 죽여 달라고 하고 싶었다. 숨조차 쉬기 어려우리만큼 끔찍함을 맛보았고 재수 없는 놈은 뒤로 넘어져도 코가 깨진

다디니 그곳에 화장실은 탕보다 10cm가량 높고 문지방은 샷시로 되어있어 탕과 화장실 연결되는 작은 공간 바닥엔 아무런 안전 조치도 없는 위험이 도사리고 있는 늘 조심 하던 곳 중의 한 곳이었다. 놀란 며느리는 달려와 나의 몸을 일으켰고 겨우 일어나 앉아 오른손으로 머리 뒤를 움켜잡고 '아!' 소리 밖에 아무런 말도 나오지 않았다.

잠시 후 누군가 컵에 물을 가져와선 먹으라고 내밀었다. 갑자기 며느리가 소릴 질렀다.
"머리 다친 사람한테 죽으라고 물을 주는 거예요?"
현직 큰 병원 병동 간호사인 며느리는 대처법을 알고 있기에 절대로 해선 안 되는 일인 것이었다.

그런데 마시라고 떠 온 물컵 속에 퉁퉁 불어 터진 보리쌀만 한 시꺼먼 때 하나가 둥둥 떠 수영하고 있는 것이 하필 그 순간에 나의 눈에 들어왔다. 누구 것인지도 모르는 살껍데기 벗겨져 우린 물을 마실 정신도 없었지만, 나중에 알게 되었는데 물을 떠 온 사람은 목욕탕 여주인이었고 아마 그 떼도 여주인 것이었을 것이다.

탕 안에 있던 사람들이 몰려들었고 구경하던 한 사람이 하는 말이 날 화나게 했다.
"어머 누구한테서 난 거야? xx하나 봐 바닥에 피가 묻어

있어?"

 참 어이가 없어서 남은 아픈데 하는 말 치곤 너무 무식해서 가만히 있으면 바보같이 보여 더 이러쿵저러쿵 말이 목욕탕 천장에 부딪혀 욕조에 있는 때까지 붙어 나의 귀로 들어올 것 같아 참지 못하고 한마디 했다.
 "나이 든 사람도 xx하는가 봤어요? 다쳤으니 피가 나겠지!"

 그리고 그 아픈 와중에 어딘가 상처가 났나 싶어 혹시 머리를 거머쥐고 있는 손을 보았다. 피의 흔적은 보이지 않았고 왼쪽부터 살펴보았다. 바닥을 짚고 있는 엄지손가락 밑에 피가 끌쩍이는 것이 눈에 들어왔다. 난 손을 들고 또 소리쳤다.
 "자 똑똑히 봐요. 여기가 찢어졌네. 피는 여기에서 나오는데 위로라고 하는 말들치곤 남의 일이라고 함부로 하고들 있네. 어이가 없구먼!"
 난 더 이상 말하고 싶지가 않았다 .

 그리고 그냥 놔두어도 되는 바닥에 묻은 피를 사람들의 눈총이 따갑고 입방아가 싫었기 때문에 샤워기를 잡고 물을 흘려보내며 비누 조각이 있었는지 미끄러진 곳도 발로 문지르며 푸념했다.
 "왜 이리 미끄러운 거야?"

하고 화가 난 목소리로 말하자, 구경하던 사람들은 누구 하나 소리를 내지 않고 잠잠했다.

문틀 날카로운 부분에 부딪친 나의 머리는 금방 탁구공만 한 혹이 튀어나왔고 통증은 견딜 수 없었다. 왼발이 먼저 나간 탓인가 왼쪽 어깨와 팔은 푸른색과 붉은색의 멍으로 전신에 문신을 새겼고, 고관절 움직임조차 둔한 채 발목도 통증을 하소연했다. 며느리는 혹시나 해서 나의 오른쪽 옆을 살펴보았다. 다행히도 못에 긁힌 것처럼 세 줄이 나란히 사이좋게 길게 그어져 피멍만 들어 있다고 했다. 난 순식간에 중환자가 되어야 했다.

부축을 받으며 밖으로 나온 난 119를 불러 병원으로 가자는 며느리의 말을 듣지 않고 아이들과의 약속 때문에 한 손으로 튀어나온 머리를 잡은 채 수업 마치고 병원으로 가겠다고 고집을 부렸다. 며느리는 화를 내며, 몰아세웠다.

"수업이 문제가 아니라고요 어머니 머리에 이상이 생겼어요. 병원으로 빨리 가야 해요."
그런데 큰 경험을 했다. 그 지경이면 구급차를 타고 가야 하는데 나의 고집 때문에 며느리가 속이 많이 상해했다. 빈 택시 잡는 며느리를 보고 있으려니 모든 것을 포기해야겠다는 생각이 들자 덜 아픈 척 참고 있던 머리와 온몸에 고통은 비참하리만큼 컸다. 고개는 땅을 향해야 했고 눈은 감히 앞을 볼 생각을 할 수 없었다. 다리에 힘도 점점 빠져 걷는 것도 힘들었고 이렇게 꼼짝없이 병원으로 가야 하나 하는 마음을 갖자 밀물 밀려오듯 통증의 위력은 엄청남을 느끼며 목욕탕 밖 계단에 그만 주저앉았다.

끌려가듯 택시에 태워져 응급실로 들어서자 바삐 움직이는 의료진들에게 앵무새가 되어 같은 말을 되풀이하고 미끄러져 다쳤다고 하니까 여기저기를 체크하며 상처 부위를 들쳐 보고 보여 주고 또 보여 주는 이중의 고통을 겪어야 했다.
전신 촬영한다며 한동안 이리저리 끌려다녔다. 무슨 사진을 그리도 많이 찍는지 머리에 혹이 나서 똑바로 눕지도 못하는 사람을 똑바로 누우라고 하는 소린 참 기가 막혔다. 물론 정확도 때문이라고는 하지만 머리 부분에 상처를 위해 동그란 베개라도 내어 주는 배려가 있어야지 딱딱한 바닥에 눕는 것도 아픈데 식은땀을 흘리며 꾹 참았지만, 환자를 조금도 생각지 않았다.
나의 몸은 아마도 엑스레이를 몇 년 치는 찍혔나 보다. 부산스런 7시간이란 장시간 검사한 결과 머리 뒤 뼈에 금가고 잘못하면 뇌혈관 파열 우려도 있으니 대학 병원에선 응급에도 급수가 있으니 입원은 불가하다며 응급실 있는 큰 병원급으로 입원을 권유했다.

난 긴 시간 검사 후 대학 병원보다 한 단계 낮은 응급실이 있는 큰 병원으로 옮겨졌다. 입원 중 괴로웠던 뇌진탕의 통증은 밤낮으로 고스란히 내 몫으로 받아들여야 했고 머리 뒤쪽의 튀어나온 탁구공은 대학 병원에 도착할 즈음 야구공 반 잘라놓은 혹이 되었다. 구토와 어지럼 때문에 침대의 머리맡을 높이고 똑바로 눕기란 불가능했다 지속적으로 어지러움, 구토, 발열, 머릿속 쑤심에 밤낮 수시로 진통제로 나의 통증을 달래주어야 했다. 휠체어에 의존하며 간병인의 도움 없이는 화장실 출입도 불가했던 그 참을 수 없었던 시간 속에서 지내는 동안 병원에서의 매끼 밥상 받을 때면 수저 위에 올려진 밥알과 반찬 속에 지옥과 천당을 오가던 악몽 같은 시간이 함께 있어 무서웠다. 악착같은 삶을 포기할 뻔했던 순간이 '나에게 왜'라는 서러움에 두 볼 위로 흐르는 눈물로 밥 말아 먹었다.

2주 동안 나의 발목이 잡혀있던 병원, 의사는 퇴원하라고 했다. 아직도 진통제로 통증을 달래고 있는데, 나의 양손의 인대 파열과 인대 늘어남으로 인해 깁스한 채로 퇴원, 2월까지는 불편함과 친구하고 뇌진탕 후유증으로 6개월간 어지러움과 통증으로 고생해야 한다고 했다. 달 보름이 지난 요즘 하루에도 몇 번씩 어지러움과 머리 통증으로 낮에는 한 차례씩 자리에 눕고 몇 시간씩 기절한 것처럼 잠을 자야 하고 일어나도 개운치가 않아 약으로 통증을 달래야 했다.

지금은 고급 인력들의 며느리와 교수인 딸의 보호 받으며 호강을 누리고 있지만 '효자 자식 열 있어도, 내 손만 한 효자는 없더라.'라는 말을 실감 나게 느낀다.

한 달 지나고 나니 깁스에서 보조기로 교체되어 잠깐씩 풀고 자유롭게 세수도 머리도 그리고 얼굴에 변장도 할 수 있어 좋다. '두 달만 참자'로 버티고 있지만 그래도 이렇게 살아있어 가족들과 함께 할 수 있다는 것이 든든하고 좋다. 주님께서 이 모자라는 사람에게 아직 쓸모가 있으셨는지 힘겨운 삶을 사느라 잠시 휴식 취할 시간을 주셨다고 생각하며 상처들로 약해진 몸과 마음을 추스르게 되면 지금보다 나를 더 필요로 하는 곳에 열심히 봉사하며 살아야겠다고 다짐해 본다.

한편, 입원 중 아픔 속에 기쁨도 있었다. 11월은 보훈의 달 사고 나기 전 인천일보와 인천재향군인회 주최의 수필에 응모했었다. 11월 21일 입원한 다음 날 연락이 왔다. 11월 25일 토요일 상 받으러 인천일보 본사 사옥 시상식장으로 오라는 담당자의 전화를 받고 좋아했지만, 그 자리엔 갈 수가 없었다. 통증으로 고개조차 들지 못하고 어지러움과 구토로 심한 고통 속에 편안한 자세로 눕기도 어려울 때였기에 마음은 시상식장으로 수십 번도 더 달려갔다.

'장 속에 걸어놓은 우아한 한복, 머리는 어떻게 하고 화장은 어떻게 할까?'
 아픈 와중에도 나의 모습을 밤낮으로 상상하며 미소 짓기도 했었다.

 가족들은 모두가 시간이 없었기에 대리로 시상식장에 다녀오신 지인은 많은 시상식 자리에 참석했어도 이런 자리는 처음 보았다고 했다. 기자들의 인터뷰와 많은 사진을 찍히고 왔다며 좋은 경험하게 해줘서 감사하다는 말도 곁들여 주었다. 상품으로는 상장, 인천 상륙작전 기념관에 있는 기념탑 모형의 검은 크리스털 트로피, 상금 20만원, 커다란 꽃다발, 수필 부문에선 대상과 장려상인 나의 글이 실린 책자를 받고 보니 좋긴 했지만, 더 속상함이 몰려왔다.
 '하필……'
 그런데 수필 부문에선 대상 한 명과 장려상 한 명, 두 명만이 시상대에 섰다고 알려줬다.

 속상했던 나의 마음을 한 달 뒤 12월 14일, 금요일 또 한 번 시 부문 공모전에서 우수상으로 3백 명 넘는 큰 강당을 꽉 메운 시상대에 우아한 한복차림으로 설 수 있는 기쁨을 갖게 되었다. 식전 행사로는 15명의 플루트 연주로 멋지게 문을 열고 국회의원 두 분, 시장, 비서관, 구청장, 구의원 여러분의 유명 인사 열 분이 시상했다. 시와 수필, 그림 부문 278명 응모 중 심사숙고한 시 부문에서 최우수 한편과 우수상 한 편을 심사했다고 하며 상금은 대상과 우수상에게만 지급되었다.

　지난번, 시상대에 서지 못함을 만회한 기분이 들었고 만약 큰일을 당했으면 이렇게 기쁨을 누릴 수 있었을까, 불운했던 그날을 생각하면 가슴 쓸어내리는 눈물 삼키며 지금도 통증으로 고생하고는 있지만 저를 위해 많은 지인들의 기도 덕분에 살아 숨 쉬게 됨을 감사드리며, 속상했던 마음을 이젠 다 내려놓게 되었다.-Ω-

14

이통(耳痛)과 이통(邇通)

가방 하나 들고 또 다른 여행길에 오른다.

복잡한 인천국제공항 대합실, 여러 나라의 언어들은 집 나와 고생이라도 하듯 짜증 섞인 음성과 구수하게 들리는 경상도 사투리 오랜만에 들어 보는 혀 짧은 일본어 연습하는 옆 좌석 연인들의 꼭 끌어안은 모습이 한없이 예뻐 보였다.

비행기 엔진의 뜨거운 열기는 밤새 얼어붙은 활주로 위를 녹이고 기내 내부는 설렘 가득한 쾌적한 공기로 채워져 있었다. 안락함과 편안함에 잠시 눈꺼풀이 무겁게 내려앉았다.

나는 어느새 비행기 기장이 되어 야자나무 우거진 울창한 남극의 숲을 이리저리 헤치며 스릴 넘치는 곡예 운전을 즐기고 있었다. 커다란 잎에 얼굴이 닿을까 머리를 움직이며 청룡 열차 타는 기분에 하마터면 소리 지를 뻔했다. 잠시 꿈을 꾼 나의 허둥대는 모습을 누가 볼 새라 아무 일 없었던 듯 매무새를 정리했다. 활주로 위에 대기 중인 커다란 새는 먼 여행 떠날 채비 하느라 작은 바퀴가 덜덜대고 춤추며 분주했다.

드디어 굉음과 함께 활주로 위를 전속력으로 달리기 시작했다. 나의 몸과 머리는 속도에 반응하느라 의자에 착 달라붙었고, 땅을 벗어 난 것을 알게 될 즘 비행기의 곡예는 시작되었다. 좌우로 두 팔 벌린 채 단숨에 구름 위까지 올라선 비행기는 한 폭의 그림과 같은 인천 앞바다의 풍경을 마음껏 보여주었다. 물 위에 둥둥 떠 있는 크고 작은 섬들과 배는 손자의 손안에 들려있는 장난감같이 작게만 보였고, 바다 속 보물을 건져 올리기 바쁜 수십 척의 어선들 사이로 비행기는 유유히 물 위에서 미끄러지듯 수상스키를 즐기며 숨차게 따라오고 있었다.

자주 타는 비행기, 적응할 때도 되었건만 고도 차이를 늘 느끼며 침을 삼켜도, 물을 마셔도 가라앉지 않은 이통(耳痛)은 나를 비행기 처음 탄 촌 아낙처럼 안절부절못하게 만든다.

출국 전 설렘은 어디 가고, 연거푸 나오는 후회스러운 하품, 눈물 그리고 줄을 잇는 콧물 등 옆자리에 앉은 젊은 부부에게 창피함에 슬그머니 손수건으로 눈물 콧물 처리했건만 존재감을 알리려 다시 하품, 눈물, 콧물. 삼박자 맞춰 도돌이표 반복. 눈을 감고 눈물이 흐르거나 말거나 손수건으로 입만 가리고 '두 시간만 참자! 대한 해협만 건너자.'라며 삼박자를 달래주었다. 간절함이 통했는지 어느 틈엔가 고도에 적응한 나의 하품, 눈물, 콧물 삼박자는 앞서 지나간 비행기의 하얀 그림자 속으로 자취를 감추었다.

두 해 전 사이판 여행길에 비행기의 고도가 높아지자 갑자기 고막 터지는 느낌의 통증이 있었다. 즐거워야 할 시간에 나는 통증과 함께 여행해야 했고 그 며칠이 그렇게 길 줄은 몰랐었다 여행을 마치고 귀국 한 날 저녁, 병원으로 달려간 난 검사를 받았다.

고막에 급성염증이 심하여 제때 치료를 못 받으면 고막 파열까지 갈 수도 있다는 소견과 함께 그날부터 그만 와도 된다고 할 때까지 지겹게 병원 문턱이 닳도록 다녔다. 문제는

다 나았을 것으로 생각한 난 한 달 뒤 일본행 비행기에 올랐을 때 또 발생했다. '탁' 소리와 함께 머리가 터질 것 같은 통증이 귓속을 송곳으로 찌르는 것처럼 몹시 날카로운 아픔이 또 날 괴롭힌다. 통증은 심했지만, 일본으로 가고 있다는 설렘이 나의 통증을 경감시켰다. 소풍 가는 아이들 말처럼 하늘 땅만큼 좋아서였을까 동갑내기 장조카 만날 기쁨과 즐거움에 이번 통증도 꾹 참아야만 했다.

나에겐 쌍둥이처럼 자란 동갑내기인 조카가 있다. 나는 10남매 중 아홉째이다. 조카는 제일 큰언니의 딸이고, 큰언니는 5살 된 딸을 친정엄마에게 남겨두고 문밖으로 나가 다시는 돌아올 수 없는 먼 길을 떠났다. 그때 큰 언니는 25살. 너무 어린 나이에 병마와 싸우다 우리 곁을 떠난 것이었다. 그때부터 조카는 나와 함께 외할머니인 우리 엄마 아빠 손에서 자라게 되었다.
 어렸을 때는 많이 다투기도 하고, 장난도 치고, 서로 의지하며 살았다. 옛 기억에 잠겨 고갤 돌려 창밖을 보니 대한해협 바다 위 구름 속 하늘엔 그때 그 시절 우리가 있었다. 끝없이 깔린 새하얀 목화솜 이불에서 뒹구는 어릴 적 개구쟁이였던 우리는 뭐가 그리 즐거운지 마냥 깔깔거리며 웃고 있었다.

 하네다 공항에 도착한 나는 마중 나온 조카와 얼싸안고 재회의 기쁨을 나누었다, 조카와 난 리무진 버스에 오르자 깍지 손 낀 채로 소곤대는 3시간을 고속도로 위에 풀어놓고 종점인 고후역에 도착했다. 후지산이 마주 보이는 야마나시 미나미 알프스 산 밑에 아담한 아파트를 향해 20분을 더 조카의 승용차로 가서야 짐을 풀 수 있었다. 도쿄 중심가에서 서점을 하던 조카는 심장 판막증으로 수술을 여러 번 해야 했었고, 이젠 주기가 빨라져 3년에 한 번씩 가슴 속에 묻고 있는 기계 속에 베터리를 교체해야 한다. 지금은 공기 좋고 물 좋은 곳에 자리 잡고 온천물로 유명한 곳이라 수도에서 쏟아지는 물도 끓이지 않고 그냥 마신다. 한 달간의 짧은 체류 기간이지만 매번 호강하는 휴양을 하다가 온다.

 그러나 가는 길, 오는 길, 꼬박 하룻길씩 인지라 너무 멀다는 핑계로 자주는 못 가고, 1년에 두 번, 짧지만 오랜 기간 머무르다가 온다. 그동안 못 전했던 가족들의 일상을 전하고, 우리 둘만의 옛 추억을 소환하며 웃고 떠들다 보면 어느새 돌아와야 할 시간이 된다. 만나기 전의 시간은 천천히 흘러 지루하기만 하더니 만나고 나면 어쩜 그리 빨리 지나가는지.
깍지 손잡고 서로의 건강을 염려하며 우리는 다음 만남을 기약하며 공항에서 헤어질 때 울지 말자 약속했지만 서로의 시선을 마주치지 않으려고 멀리 두었던 시선 누가 먼저랄까 마주치는 순간 약속이나 한 듯 참았던 눈물이 왈칵 쏟아져

한참을 부둥켜안고 또 서로를 다독거린다.

 높은 고도에서 발생하는 이통(耳痛)을 걱정해주는 조카 언제나 나에게 가깝고(가까울 이:邇), 잘 통(通)하는 이모를 걱정한다. 눈물 흐르는 공항의 이별을 뒤로한 채 매정하리만큼 조카를 남겨둔 난 또다시 왔던 길을 되돌아오고 있다. 그러나 돌아올 때 걱정했던 이통(耳痛)은 생각보다 크게 느껴지지 않았고, 올 때 보았던 그 하얀 구름은 수평선 위로 길게 늘어선 붉게 물든 해넘이와 함께 그 자리를 조카와의 행복했던 짧은 시간이 다시 되감기 되어 눈앞에 채워진다. 오랜 기다림 속에 짧은 만남은 늘 아쉬움으로 남는다.

 슬금슬금 날아온 비행기는 어느 틈에 대한 해협을 건너 한국에 도착했고, 길게 늘어진 입국자들의 가방 닿리는 소리, 작은 바퀴 굴러간 뒤를 따라 입국장 통과한 난 '할머니 보고 싶었어요!'라는 피켓을 들고 있는 사랑스러운 손주를 한눈에 알아보는 순간 수줍기도 하면서 반가운 마음에 한걸음에 달려가 가슴에 손주를 품었다.

 한국을 떠나있던 금쪽같은 시간은 나에게 너무 짧게 느껴졌으나 가족들에겐 너무 긴 시간이었다고 앞다투어 그간의 일들을 알려주기 바쁘다. 무사히 잘 도착한 난 이(邇) 잘 통(通)하는 조카에게 한 통의 전화를 걸었다. 날 태운 비행기가 구름 저 멀리 하늘에서 사라질 때까지 한 시간 넘게 공항에 앉아 손수건 적셨다는 조카를 두고 온 난 죄인이 되어야 했다. 이 글 쓰는 내내 흐르는 눈물 소매로 훔쳐 닦으며 이(遛) 잘 통(通)하는 조카에게 나의 몸은 여기 있지만 나의 마음은 매일 달려가고 있다.-Ω-

15

나의 주치의가 된 사위

'띡띡띡 틱틱 띡띡띡'
 기계음은 좀 채 끊이지 않고 중년의 여인은 움직임 없이 누워 방사선사의 지시에 따른다.

 잠시 후면 나도 기계의 분화구로 들어가겠지…
 밝음과 함께 괴로움을 등에 메고 통증에 시달려야 했던 밤, 시끄러움을 벗 삼아 조용히 눈감고 이젠 검사하는 것을 마지막이 되었으면 하는 바람은 크고 작은 마취를 해야만 했던 수술들을 떠 올려본다.

 먼 길을 마다하지 않고 매일 퇴근 후 달려온 사랑하는 딸의 남편인 사위, 그때는 딸이 결혼 전이라 어렵기만 했던 사이였다. 그때나 지금이나 한결같은 변함없는 사위 마음, 그 정성 잊지 못할 나에겐 정말 고마운 소중한 가족이다.

 15년 전,
 타인으로 인해 치아를 살릴 수 없이 세 부분으로 부러지는 사고로 발치를 해야 했던 이중고의 아픔과 그 당시 임플란트란 실험 단계에서 한 발씩 걸음마 수준이었고 지금처럼 흔한 것이 아니었기에 거액의 돈을 들여가며 새로운 치아로 대신하는 위안을 얻어야 했었다. 수술 후 나의 잇몸뼈는 서서히 녹아내리고 늘 통증에 시달려야 했었다. 몇 년이 지나자 더 이상 나사는 고정이 안 되고 흔들림을 느끼게 되었다.

 가족들의 결정으로 말로만 듣던 뼈 이식이란 수술의 절차를 밟아 또 다른 의미의 전신 마취를 해야만 했었다. 입안 깊숙이 사랑니 자리에 뼈를 떼어 임플란트 나사에 다른 핀으로 고정시키는 시간이 얼마나 흘렀을까, 이식한 뼈 또한 녹아내려 지금은 아주 작은 조각에 남아있는 뼈에 고정된 핀의 역할로 겨우 달려 있어 외관으론 잘 모른다.

수술하는 날,

 난 좁은 간이침대로 옮겨 누운 채 병실 문을 나서는 착잡한 마음, 그 무엇에 비교할 수 없었고, 그때 사위는 손수 나의 몸이 눕혀진 간이침대를 수술실 출입 금지 문을 넘어 내가 수술받을 방 앞까지 밀고 들어갔고 나의 머리에 수술모자를 직접 씌워주고 손을 꼭 잡아 주며 했던 말이 강산이 한배, 반이나 더 지난 지금 생생하다.

 "어머니, 한숨 주무시고 나오세요. 기다리고 있을게요!"라는 말은 무엇과도 견줄 수 없는 따뜻한 말로 위로받은 그 날, 직접 집도하실 모 치과대학 병원 교수님께 자신의 신분을 밝히고 잘 부탁한다는 말을 남기고 사위는 나의 곁에서 멀어져갔다.

 양팔은 고정대에 묶이고 링거 바늘이 팔에 꽂히고 그 줄을 타고 마취약이 들어가는 느낌에 단 몇 초지만 그 기분 나쁜 느낌이 싫어서 미리 눈을 감았다. 잠시나마 의료진들의 몇 마디 이야기가 먼 동굴 안에서 메아리치듯 들려왔다. 그리곤 아무것도 모른 채 사위 말대로 깊은 잠 속으로 빠졌었나 보다. 아래턱 끝에 사랑니 뼛조각을 떼어 잇몸을 째고 이식 후 봉합하는 수술이었다. 얼마나 시간이 흘렀는지 누군가 나의 이름을 부르며 눈 떠보라고 흔든다.

무거움을 이겨 낼 힘조차 없는 눈꺼풀을 올리는 시늉을 했건만 눈꺼풀은 이내 내려왔다. 회복실에서 병실로 옮겨져 여러 명의 의료진에 의해 침대에 눕혀졌다. 약속대로 사위는 수술이 끝나고 병실에 옮겨졌을 때끼지도 돌아가지 않고 기다리고 있었다. 그 당시 대학병원에서 치과 레지던트과정을 마치고 수술실에서 근무하던 사위는 출근해서 퇴근할 때까지 수술방에서 힘들었을 텐데도 하루도 빠짐없이 퇴근과 함께 인천에서 내가 있는 천안으로 달려왔다.

수술이 끝난 병실로 옮겨진 저녁 난 입을 벌려보았지만 불가능한 일이었나. 나의 모습은 어떤 모습일까, 궁금했지만 수술 후 당일은 꼼짝도 못 하고, 누워있어야 했고, 다음 날 궁금했던 나의 모습 '으악' 하마터면 뒤고 넘어갈 뻔했다. 화장실 거울에 비추어진 괴물 같은 모습이 참으로 가관이었다. 이게 무슨 일인가? 머리와 턱과 얼굴은 둥글게 이리저리 연결되어있는 붕대로 고정되어있었고 그 위로 망처럼 된 모자가 보호하듯 덮여있었다. 아무리 보아도 중환자는 중환자이지만 정말 중환자였다. 얼굴은 내가 아닌 다른 사람으로 착각할 정도로 몰라보게 부어있었고, 눈도 코도 나의 모습은 하얀 붕대로…. 괴물 그 자체였다.

수술 후 뱃속은 건강해서인지 먹을거리 넣어 달라고 소리쳤다. 금식이란 표를 떼고 빨대로 미음과 우유를 아기처럼 입안으로 흘려보내며 반은 휴지로 받아내야 했었고, 더욱이 피 멎는 유전자가 기형이다 보니 멎지 않는 피는 입원 내내 꿀쩍이며 입술 밖으로 흘러 거즈를 대고 받아내고 퇴원 후에도 이렇게 한참을 지내야 했었다.

　수술 후 왼쪽 얼굴과 입술이 검푸른 보라색 멍으로 자리를 잡았다. 그 멍이 가실 때까지는 무려 100일 하고도 열흘이나 더 걸렸고, 지금처럼 마스크를 쓰는 것이 아무렇지도 않은 때가 아니었기에 늘 마스크와 친구 되어 외출해야 했었고, 외식할 일이 있으면 식사 내내 사람들의 눈을 의식했었다. 아무것도 모르는 사람들은 남편에게 얼마나 맞았으면 그리 되었을까? 하는 눈빛으로 혀를 '끌끌' 차는 사람들의 눈총을 받기가 일수였다.

　힘들었던 지난 시간을 생각하면 울컥울컥 가슴이 아파 온다. 나의 일생에서 제일 멋진 사람을 첫째로 꼽으라 하면 사위와 딸이다. 물론 아들도 며느리도 똑같지만, '그래도'라는 단어가 있기에 그런가 보다. 살아오면서 연중행사로 병원 신세를 져야만 했던 나의 몸은 만신창이가 되어만 가고 물가에 내놓은 아이처럼 가족들의 걱정을 끊임없이 만들어 주는, 늘 조마조마한 삶을 살다 보니 이젠 그만 수술대 위에 눕지 않기를 바라고 건강한 노후를 보내고 싶어진다.

　강산이 한배, 반이 지난 힘든 세월 속에 사위는 자신만의 병원을 개원했고 더불어 나의 치아 보존을 위해 주치의가 되어 준 한결같은 사위의 모습을 볼 때마다 언제가 될지 하늘로 떠나는 그날까지 천사의 마음을 닮은 사위 라파엘의 고운 마음을 잊지 않을 것이다. Ω -

16

파래김

　시장 좌판 한 귀퉁이 수북이 쌓여있는 파래김을 바라볼 때면 그 옛날의 추억이 빛바랜 모습으로 나에게 달려온다. 지금은 사시사철 아무 때나 즐겨 먹을 수 있지만, 내 어린 시절엔 겨울이 되어야만 먹을 수 있는 파래김이었다. 요즘 파래김은 어렸을 적 먹던 맛이 아닌 것 같다.

　가끔 친정엄마가 생각날 때면 식탁 위 반찬들 틈바구니에 올려놔도 별 인기가 없다. 그 옛날 김을 굽던 엄마의 손은 항상 분주하기만 했다. 대가족이라 무엇이든 많이 소비시키는 우리 집은 늘 잔칫집 같은 분위기였다.

엄마가 전날 시장에서 **파래김** 한 **숙을** 사 오시는 날엔 모두 밥 한 그릇 뚝딱이었다. 파래김과 함께 따라온 펄 흙과 지푸라기를 고르기 위해 김을 한 장씩 손바닥에 올려놓고 싹싹 비비면 펄 흙은 부서져 가루가 되어 바닥으로 내려앉고, 지푸라기는 올올이 달라붙어 있어 손으로 뜯어야만 김에서 분리되는데 간혹 구멍이 뚫리기도 했다 나는 엄마가 김을 손질하실 때면 옆에 앉아 말동무가 되어 주기도 했다.

"비나이다. 비나이다. 공부도 잘하고, 놀기도 잘 놀고, 밥도 잘 먹고, 건강하도록 잘 보살펴 주세요!"
정한수, 떠 놓고 비는 사람 마냥 파래김 손질하는 엄마 따라 손을 비비며 재롱부리기도 했다. 엄마의 손바닥에서 깨끗해진 파래김에게 기름이 발라지고, 소금 뿌려 단장시키고 나면 마룻장 열어 연탄불 위에 석쇠 얹고 쪼그리고 앉은 작은 언니는 잽싸게 춤추듯 구워내는 맛은 일품이었다. 냄새는 문지방을 넘어 나를 괴롭혔고, 더욱 배고파진 나는 목을 길게 늘여 부엌을 바라보며 밥상에 앉아 기다렸다. 드디어 배급 시간! 아버지는 다섯 장, 오빠들은 넉 장, 동갑내기 조카, 동생과 나는 두 장…, 내 몫인 2장을 아껴 먹느라 수저엔 밥 한가득, 김은 최소한으로 밥 한 그릇에 맞춰 아끼고 아끼며 먹었다.

 이 시간이면 나는 긴장을 안 할 수 없었다. 김 도둑인 막내 오빠는 자기 배당분을 부지런히 다 먹어 치운 후 나의 손에 매달린 김을 독수리가 병아리 낚아채듯 빛의 속도로 낚아채 입속으로 마구 쑤셔 넣었다. 눈을 뜨고도 눈앞에서 사라져버린 내 김은 오빠의 입안에서 즐거움을 만끽하고 또 다시 능구렁이같이 뻔뻔스러움의 눈동자는 동생의 손을 흐뭇하게 노려볼 즈음 나는 속상한 마음에 밥 먹던 수저로 오빠의 머리를 마구 때리며 울음을 터트렸다. 머쓱해진 오빠는 머리를 문지르면서도 멈춤 없이 부지런히 반찬을 끌어다 입에 넣기 바빴다. 나에게 수저로 맞은 곳이 혹이 나서 아픈 건지 눈물을 뚝뚝 흘리면서도 입은 연신 맛있다는 듯 하마처럼 일부러 더 크게 움직이며 약 올렸다.

 이렇게 김 먹는 날엔 난 울어야 했고, 오빠는 재미있다는 듯 꼭 내 옆에 앉았다. 막내 오빠에게 수없이 당해야 했던 난 아버지의 배려로 아버지 옆자리는 내 자리가 되었고 그때부터 아버지상에 올려진 김은 오롯이 내 차지가 되었다. 먹을거리가 변변치 않았던 나의 어린 시절엔 김치와 펄 흙과 지푸라기가 함께 있는 파래김이면 여느 밥상 부럽지 않은 아주 최고의 밥상이었다. 그 옛날 기억 속 겨울에만 먹던 파래김을 보면 부모님과 형제들 생각에 그립고 웃음이 절로 난다.

　그러나 마음 한켠이 시려오는 기억도 있다. 결혼하고 둘째를 갖고 입덧할 즈음이었다. 군 생활을 마치고 제대한 지 며칠 안 된 막내 시동생은 동네 구멍가게 앞에 펼쳐놓은 파라솔 밑에서 친구들의 축하 주, 한 잔씩 하기 위해 막 술을 따르려던 참이었다. 평상시처럼 친구 간에 악의 없이 욕을 서로 웃으며 주고받았는데 사복형사가 시동생만 체포해서 데리고 갔다고 했다. 얼굴이 작고 예쁘게 생겨서 어리게 보았나 보다.

　시부모님은 막내아들의 행방을 알기 위해 여기저기 알아보러 다니셨다. 막내 시동생은 그 무시무시한 삼청 교육대로 끌려간 것이었다. 그 당시 동네 아저씨는 잠자다 말고 잠옷 바람에 끌려간 일도 있었고, 또 살아오지 못하고 한 줌의 재로 돌아온 사람도 있었다. 그리고 살아서 왔더라도 뇌를 다쳐 아무것도 모르고 살다 세상 떠난 사람도, 팔다리를 못 쓰게 되어 문밖에 출입도 제대로 못 하는 이도 있었다. 형사들에게 할당이 내려져 무조건 눈에 거슬리는 일이 있으면 남녀노소 할 것 없이 그 자리에서나 아니면 집까지 미행하여 데리고 갔던 시절이었다. 한 달 보름 만에 경찰서에서 연락이 왔다. 모범수로 감형을 받았으니 보호자가 와서 보증서면 퇴소시키겠다 했다. 난 그 소식을 듣자 곧장 경찰서로 가서 난 보증을 섰고, 막내 시동생을 데리고 나왔다. 많이 야윈 시동생은 연신 고맙다고 하며 내 손을 꼭 잡고 흑흑 흐느끼며 눈물을 흘렸다.

"형수, 이거 꿈은 아니지요? 나 지금 집에 가는 거 맞지요? 고마워요. 고마워요. 형수. …"

부모님께 자기가 겪은 일들을 다 말하면 무척 속상하실 것 같아 차마 말 못 할 것 같다며 집으로 오는 택시 안에서 흐느끼는 시동생과 난 같이 울어야 했다. 그리고 나에게 그동안 있었던 일을 소상히 들려주었다.

다짜고짜로 명분도 없이 잡혀가는 동안 손엔 수갑이 채워졌고, 살인범이나 중 죄인에게 하듯 포승줄에 묶여 트럭에 태워져 어디론가 가더라는 것이었다. 이윽고 도착한 곳의 큰 철문이 열리고 트럭에서 내리라는 신호와 함께 입소 환영식을 한다며 거하게 치러야 했다고 했다. 내리는 순간부터 양쪽에 서 있는 사람들의 손에는 긴 몽둥이가 들려져 있었고, 함께 끌려 온 사람들을 마구잡이로 다리를 때리며, 온갖 욕설을 내뱉었다.

"서서 걸어가지 말고, 기어들어 가란 말이다!"
"빨리 땅바닥을 기어들어 가라고?"

이러면서 매를 맞아서 아파하는 사람을 군홧발로 밟고 차고 했다는 것이었다. 훈련이라며 커다란 통나무를 들고 달리기도 시켰고, 앉았다 일어나기 반복, 제대로 못하는 사람은 그 자리에서 모진 매를 맞거나 어디론가 끌려갔고, 다시는 만나지 못했다고 했다. 갓 제대한 군대 안에서도, 그렇게 훈련받아 본 기억이 없다 했다. 시뻘건 황토 바닥에서 이리저리 뒹굴게 하고, 기고, 맞고. 지난 한 달 보름을 회상하며 어떻게 흘러갔는지 지옥도 그런 지옥이 없고, 살아서 집으로 가는 것이 꿈만 같다며 눈물을 흘리며 나에게 연거푸 고맙다, 감사하다는 인사를 건넸다. 집에 돌아온 첫날, 밤이 되자 시동생은 방바닥을 차며, 똑바른 자세로 서서 군대식으로 대답하는 것이었다.

"네! 네! 잘하겠습니다. 때리지만 말아 주십시오! 네!!"

그날 밤부터 우리 가족은 힘든 시간을 함께 견뎌내야 했다. 참 신기하게도 그때 뱃속에서 파래김에 반응을 보인 딸은 지금도 파래김을 무척 좋아한다. 파래김을 좋아해서 파래김에 간신히 밥 먹던 시동생은 외상성 스트레스 장애로 매일 밤새 악몽에 시달리고 날이 밝아오면 그제야 잠이 드는 시동생을 잡고 많이도 울었다. 밤마다 울며 고통 속에서 헤어나지 못하는 시동생…. 온몸에 흙 독이 올라 피부는 썩어가고 누런 고름이 흐르는 것이 마치 한센병 환자와 같았다. 밥알도 못 삼킬 정도로 입 안은 다 헐었고, 그의 몸은 만신창이가 되어갔다. 시어머님은 막내아들이 평소에 좋아했던 파래김을 사다가 참기름 발라 숯불에 구워 따로 상을 차려 직접 먹이곤 방에서 나올 땐 언제나 눈물범벅이셨다.

 그런데. 나의 두 번째 생명은 배 안에서 매번 김 굽는 냄새에 반응을 보이는 것이었다. 정말 너무나도 김이 어찌나 먹고 싶은지…. 방에 들어가 장문을 열고 이불 속에 머리를 묻고 소리 죽여 울었다. 그 파래김이 너무 먹고 싶어서…. 남편이 김 굽는 냄새를 피하며 울고 있는 나를 발견하곤 어머니께 말씀드렸는지 파래김 두 속씩이나 사 오셨다.
 "그렇게 먹고 싶으면 말하지. 김이 뭐가 비싸다고, 비싸지도 않은 것이 너를 울렸구나! 자, 실컷! 먹어라. 다 먹으면 또 사 오마!"

 그런데 그렇게 먹고 싶었던 파래김을 막상 먹으니 생각보다 맛이 없었고, 갑자기 보기도 싫어졌다. 술의 힘을 빌려 잠을 청해야 하는 힘든 삶을 살다 안타깝게 이른 나이에 세상을 떠났다. 재래시장 좌판 한켠에 수북이 쌓여있는 파래김이 잊고 살던 나의 추억을 끄집어낼 줄 몰랐다. 세월이 흐른 지금 기억 속의 맛은 사라졌지만, 먼 곳으로 간 시동생과 바다 내음 물씬 풍기는 파래김 비비는 엄마와, 큰 상에 둘러앉은 가족들의 웃음소리는 여전히 생생하다. 오늘도 손주 녀석들의 식사 준비를 위해 파래김을 구우며 추억도 함께 굽는다.-Ω-

17

보리밟기

지금은 기계화로 농촌에선 학생들과 군인들의 인력 동원을 하지 않아도 되는 좋은 세상에 살고 있지만 우리나라에서 70년대 보리밟기는 아련한 추억의 이야기로만 남는다.

새 학년이 시작되는 새 학기 초엔 언제나 피해 갈 수 없는 수업 중에 하나 중 제일 싫은 것이 보리밟기였다. 미리 알려주면 일부러 조퇴하는 학생들이 있었기에 선생님은 한 명도 빠트리지 않고 우리들의 인솔자가 되어 함께 이동했다. 보리밟기는 학생과 군인들의 시간을 빌려 끊이지 않고 이어졌다.

 하얀 눈 속에서 겨울을 보낸 너른 들판은 봄바람의 휘파람 소리 먹고 자란 어린 보리 싹이 파란 융단처럼 펼쳐져 있었고 그 위에서 뒹굴고 싶었다. 농부들은 봄이 오는 길목에 서면 눈코 뜰 새 없이 바빠지고 애 보리 뿌리는 들썩들썩 세상 구경하고 싶다고 아우성 거리며 흙을 헤집고 나왔다 단축수업을 마친 우린 일렬로 서서 서로 싫어도 손잡고, 입은 봄의 노랫소리 마냥 재잘재잘, 발은 체육 선생님의 구령에 맞춰 춤춘다.
 그날은 깨끗한 운동화가 흙과 먼지로 더렵혀지는 날이 되어야 했고 교복도 예외는 아니었다. 비라도 내려진 다음 날엔 나의 교복과 운동화가 꼴도 보기 싫을 정도로 싫었다. 그도 그럴 것이 아침에 등교할 때 단정했던 모습이 집으로 돌아갈 땐 교복과 운동화가 나를 바라보며 투덜댔다. 먼지로 더렵혀진 옷과 신발을 쪼그리고 앉아 깨끗하게 손질하여 물을 빼낸 후 부뚜막에 올려 밤새 말려야만 했다.

 다음 날 아침,
 새벽에 일어난 난 교복 다림질과 솥뚜껑 위에 밥풀 입힌 빳빳한 칼라를 교복에 맞춰 꿰매어 옷걸이에 걸어두고 손질할 것도 없는 단발머리 거울 앞에서 한껏 멋 내고 나오니 교복이 없어졌다.
"아니, 이럴 수가…!"

어려서부터 쌍둥이처럼 함께 자라서 같은 학교에 다니던 동갑내기 조카가 날름 입고 먼저 학교로 출발한 것이다. 깔끔히 손질된 교복도 빼앗기고 게으른 조카의 꼬질꼬질 구겨지고 더러운 교복이지만 조건 없이 입어야 했다. 형편없는 운동화도 신어야 하는 완전 머리끝까지 화났지만 그렇다고 학교를 빠질 수는 없었다.

하필 그날은 복장 검사가 있는 날이기도 했다. 깔끔하다고 소문난 난, 벌 받을 셈 치고 학교로 향했고 언제나 등교 시간엔 생활담당 선생님이 복장 검사 차 커다란 딱부리눈에 동그란 금테 안경을 걸치고 계시는데 웬일인지 안 계셨다. 교문을 중심으로 양옆으로 늘어선 생활 완장을 팔에 두른 선배, 후배, 그중 윗집에 사는 친구가 내 눈에 들어왔다. 난 얼른 그 친구 앞으로 가서 통과 부탁을 윙크로, 그러자 친구는 이리저리 살펴보는 척하며 들어가라고 손짓했다. 다행히 교문을 통과했는데 우째 이런 일이 생활 선생님은 교문이 아닌 각 교실을 돌고 있었고 우리 교실 앞문으로 들어서는 선생님을 본 순간, 뒷문으로 들어서는 순간의 선택이 탁월했는지 반사적인 나의 뒷걸음질은 화장실로 피신했고 무서운 딱부리 선생님을 피할 수 있었다. 그렇게 간신히 숨

돌린 시간, 때맞춰 스피커에서 방송이 나왔다.
"각 반 담임선생님은 학생들의 용모를 체크하여 주시길 바랍니다. 잘 알고 계시겠지만 오늘은 교육감님께서 우리 학교의 이모저모를 참관하시러 오십니다.…"

조회 시간 한 명씩 교탁 앞으로 나가 손톱과 머리 조발 청결 상태, 교복, 운동화 등을 찬찬히 둘러보시던 선생님은 "다음!" 드디어 내 차례가 되었다. 담임선생님 앞에 선 난 억울함의 굵은 눈물부터 흘리며 아침의 일을 말씀드려야 했고 평상시 깔끔이로 알고 계신 담임선생님은 순간 표정이 굳어지고 한숨을 쉬더니 갑자기 큰소리로 교실이 떠나가도록 웃으셨다. 가뜩이나 긴장했던 심장이 터지는 줄 알았다. '흥'하고 콧방귀와 고소해하며 웃는 친구도 있었다. 일단 통과 후 1교시가 끝남과 동시에 난 조카 교실로 총알처럼 달려갔다. 조카는 이미 어디론가 숨어버렸고 붉게 물든 얼굴엔 심술 보따리가 서너 개 더 매달려 내 반 교실로 돌아와 자리에 앉았고 수업이 끝나기만 기다렸다.

학교가 파하고 혼자 집에 돌아온 나는 아침부터 창피한 하루를 보낸 것에 엄마에게 화풀이했다, 가방은 마루를 지나 안방 문 앞으로 던져졌고 장대비 같은 눈물이 볼을 타고 줄지어 흘러내렸다. 그때는 왜 그리도 용모검사를 철저하게 했는지 여학생들이라 사회 나가면 추녀가 되지 말라는 것인지 이렇게 하루를 힘들게 한 조카가 그날따라 정말 미웠다.

　온종일 속상했던 난 주인을 잘못 만난 꼬질꼬질한 조카의 교복과 운동화에 물을 붓고 발로 마구 밟아버렸다. 조금은 시원했지만 그래도 나의 손에서 깨끗해진 조카의 운동화를 부뚜막에 가지런히 올려놓고 옷걸이에 걸어놓은 교복을 오가며 찰싹찰싹 때렸지만 주인 닮아 뻔뻔스럽게 웃고 있었다.

　기다리던 조카는 윗집 친구네에서 늦게까지 숨어 있다가 고양이처럼 살금살금 들어와 뻔뻔스럽게도 나의 곁에 누웠다. 아버지가 주무시는 밤이라 큰소리 낼 수 없는 것을 이용해서 늦게 들어온 것이다. 난 무언으로 이불속에서 꼬집고 발로 차고 그렇게 밤을 보내게 되었고 조카는 나의 힘을 빌린 깨끗한 교복과 운동화를 아무렇지 않게 입고 신고 학교 가는 꼴이란 너무 얄미웠다.

　등교 시간 학교 앞 골목 안에선 진기한 풍경들을 감상할 수 있다. 여학생들은 교복 스커트의 허리춤을 둘둘 말아 무릎 위 20cm를 유지하며 남학생들의 눈요기가 되어주었던 그 교복 스커트를 교문이 눈앞으로 다가오자 규율부 학생들의 매서운 눈초리를 피해 좁은 골목 안은 부산스러웠다. 서로의 복장을 점검해주느라 웃지 못할 장면이 펼쳐졌다. 골목을 통해 출근하는 직장인들의 키득대는 모습도 종종 볼 수 있었다. 선배들의 등교 시간을 기다리며 즐거움을 바라보다 지각한 친구들의 변명 아닌 변명과 흉내 내는 모습을 보고 들을 때마다 교실 안은 웃음바다가 되었다. 즐겁게 나란히 구경하다 지각한 친구들 한 친구가 선배들의 현란한 손동작부터 치마의 길이가 제대로 되었는지 요리조리 점검해주는 시늉과 또 다른 친구는 남학생들의 모습에서 교복 첫 단추 두 개 또는 완전히 풀어 헤치고 모자는 둘둘 말아 가방에 쿡 넣어 둔 것을 다시 펴느라 털고 늘리고 웃지 못할 일들이 아침마다 벌어졌다.

 유치원, 초등, 여중, 남중, 여고, 남고, 둘씩 열 개의 학교가 나란히 같은 교문을 쓰는데 교복 위반에 걸린 남학생들은 벌을 선다. 그런데 매일 벌을 서는 단골 남학생들이 있다. 여학생들의 인기몰이를 위한 멋진 팔굽혀펴기로 벌을 서는 주제에 주제 파악하지도 못하고, 멋지게 보이려 했고 '엎드려뻗쳐!' 상태로 야구방망이가 엉덩이에서 몇 년 치 먼지가 털려진다. 맞으면서도 여학생들이 지나가면 엎드려진 채 윙크에 키득키득 웃다가 들키기라도 하면 열 대의 곱으로 샌드백이 되기도 했다.

 지각한 친구의 손바닥 위로 내려오던 담임선생님 손에 들려진 당구 채 역시 손바닥이 아닌 책상 위에 주저앉고 웃음을 참지 못한 교실 안은 비명에 가깝도록 크게 웃었다. 한 두 번은 그럭저럭 넘어갔고 매일 단골 지각생이 된 몇 명의 친구들, 웃음 속으로 빠뜨린 재연은 그 후론 그다지 경쾌한 통과로 이뤄지지 못했다. 교문에서 통과가 되면 교실에서 지각으로 혼나는 친구들의 붉어진 얼굴빛을 바라보며 서로에게 눈짓으로 "너 때문이야!" "아냐! 너 때문이야!" 하며 눈을 치켜뜨고 입은 삐쭉거리는 그 모습이 더 재밌어서 웃었지만 그럴 때마다 선생님은 반 전체 벌을 준다. 60명이 넘는 아이들을 일일이 체벌할 수 없기에 책상 위로 올라가 무릎 꿇고 걸상 높이 들라고 했다. 그 또한 원망의 대상이 된 지각한 친구, 우린 화를 참으며 '너 때문'이란 무언의 표정을 선생님께 들키기라도 하면 그 시간은 '수업 없음'으로 벌로 채워졌다.

보리밟기 나가는 날은 남학교 여학교 함께 넓은 들판을 바라보며 수다방 하기 바쁜데 끼 있는 여학생 남학생들은 서로 얼굴 내밀며 윙크하고 "학교 앞 빵집"을 외치는 남학생 여학생들 문제집 산다고 부모님 주머니 털어 낸 비자금 빵집 부자 만들어 주고 다 푼 문제집 지우개로 깨끗이 지워 부모님 보여주던 미련한 애보리 애송이 청춘들 혹시 방송국 마이크 잡고 "애 보리 욱 자라기 전에 보리 밟으러 갑시다." 하고 학창 시절 회상하며 외치고 있는 것은 아닐까?

웃기고 울리던 학창 시절 단발머리 소녀 소년들은 너른 들판 위의 겨울처럼 흰서리 내리고 시계는 하루에 두 번 제 얼굴 더듬더듬 대지만 나의 시계 톱니바퀴는 녹슬어 멈춘 지 오래고 해마다 봄이 오는 길목에 서면 늘 애보리 밟던 기억을 소환해 본다.

 예전엔 봄이 오면 보리밟기해야 한다는 방송이 나올 때마다 조카의 뻔뻔했던 교복 사건을 생각하며 가족들 몰래 웃는다. -Ω-

더 하고 싶은 말

어린 시절 부모 형제와 함께 살던 옛 동네를 찾아가 보았지만, 그곳엔 어머니가 좋아했던 그 많은 장미꽃 한 송이도 찾아볼 수 없었고, 아버지와 함께 만들었던 연못도 온데간데없이 사라져 낯선 건물들만이 자리 잡고 있었다.

한동네에서 자란 친구들도 하나둘 세월 속으로 여행을 떠났고, 저녁 식탁에 올라온 파래김을 보니 이른 세상 등지고 혼자 여행 떠난 귀엽기만 했던 어린 시동생 모습이 떠올라 깊은 생각에 잠겨보기도 했다.

시간은, 세월은 참으로 빠르게도 지나갔구나, 그래도 그때는 '좋았다, 아름다웠다, 그립다. …'는 등 '좋음'이라는 생각만이 가득 차 있다.

지나간 세월 속의 시간을 되돌려 볼 수 있는 기회가 있다면 시댁에서 시집살이했을 때로 돌아가고 싶다. 그때의 나는 지금보다 젊었고, 건강했을 때라 시집살이가 힘은 들었어도 사람들의 정과 향기를 느끼고 어루만지며 살았던 가슴 따뜻했던 그때로 다시 돌아가 보고 싶다.

『특별한 나의 이야기』는 이 세상 하나뿐인 나의 이야기이다. 앞으로 건강과 시간이 허락해 준다면 도움의 손길이 필요한 이들을 위해 이야기 봉사도 하고, 이렇게 나의 이야기도 들려주고 싶다.

지금도 감사함이 몰려온다.

2024년 1월 16일

禮潭 박정란

특별한 나의 이야기

초판 인쇄	2024년 01월 25일
초판 발행	2024년 01월 31일

지은이	박정란
발행처	다담출판기획 TEL : 02)701-0680
	서울시 영등포구 영신로30길 14, 2층
편집인	박종규
등록일	2021년 9월 17일
등록번호	제2021-000156호
ISBN	979-11-93838-00-6 03800
가격	14,000원

· 본 시집은 한국예술인복지재단의 창작지원금을 받아 출판하였습니다.
  감사드립니다. 《시인·수필가 박정란》